北京石油化工学院旅游产业可持续发展研究中心资助

人力资源管理外包决策研究

李志红 著

首都经济贸易大学出版社

Capital University of Economics and Business Press

·北 京·

图书在版编目（CIP）数据

人力资源管理外包决策研究／李志红著. -- 北京：首都经济贸易大学出版社，2023.1

ISBN 978-7-5638-3448-8

Ⅰ.①人… Ⅱ.①李… Ⅲ.①企业管理−人力资源管理−对外承包−研究−中国 Ⅳ.①F279.23

中国版本图书馆 CIP 数据核字（2022）第 211847 号

人力资源管理外包决策研究

RENLI ZIYUAN GUANLI WAIBAO JUECE YANJIU

李志红　著

责任编辑	王　猛
封面设计	风得信·阿东　FondesyDesign
出版发行	首都经济贸易大学出版社
地　　址	北京市朝阳区红庙（邮编 100026）
电　　话	（010）65976483　65065761　65071505（传真）
网　　址	http：//www. sjmcb. com
E- mail	publish@cueb. edu. cn
经　　销	全国新华书店
照　　排	北京砚祥志远激光照排技术有限公司
印　　刷	北京九州迅驰传媒文化有限公司
成品尺寸	170 毫米×240 毫米　1/16
字　　数	149 千字
印　　张	10
版　　次	2023 年 1 月第 1 版　2023 年 1 月第 1 次印刷
书　　号	ISBN 978-7-5638-3448-8
定　　价	45.00 元

前　　言

国家统计局数据显示，截至 2021 年，我国拥有大学及以上文化程度的人口达到 2.18 亿，占比 17.22%，与 2010 年相比，每 10 万人中具有大学文化程度的由 8 930 人上升为 15 467 人。高素质人才快速增加，为我国人力资源管理外包服务在内的人力资源服务市场带来新的机遇。本书详细分析了企业如何作出人力资源管理外包决策，如何选择人力资源管理外包项目及其外包顺序，如何从传统的定性判断向定量研究过渡，如何对人力资源管理外包服务供应商绩效进行科学合理的评价，并探讨了人力资源管理外包过程的风险因素、制约我国人力资源管理外包发展的因素以及人力资源管理外包风险机制的建立。

在撰写本书时，我们假定读者具备以下条件：①熟悉人力资源管理各个模块的基本知识；②熟悉管理科学的研究方法；③有一定的数学基础。本书旨在以管理科学中的研究方法解决人力资源管理外包中的实际问题，注重研究的理论基础及其具体方法的应用条件，因此，本书中所介绍的各种方法都会随着实际问题的不同、边界条件的不同而发生改变。笔者深知，对于人力资源管理外包决策方面的研究没有止境。作为一名人力资源管理研究者，笔者还处于不断学习、不断实践的过程当中。因此，本书中存在部分缺陷和不足是在所难免的，恳请读者批评指正。

在本书即将出版之际，笔者要感谢首都经济贸易大学出版社的信任，感谢孟岩岭老师为本书的出版所付出的努力；还要感谢北京石油化工学院人文社科学院的杨钟红院长、旅游可持续发展研究中心主任曹淑艳教授等给予的大力支持。同时，要感谢我的学生尹沛郁、肖景昀、刘文、杨亚明为本书查阅了相关资料。此外，要特别感谢我的爱人高雪峰先生，没有他的默默奉献，笔者不会有足够的时间和精力来完成此书。

目　录

1 绪　　论 ……………………………………………………………… 1

　1.1 研究背景与意义 …………………………………………………… 3

　1.2 研究内容、结构和创新之处 ……………………………………… 9

2 人力资源管理外包决策研究现状及理论回顾 ……………………… 15

　2.1 人力资源管理外包研究 …………………………………………… 17

　2.2 人力资源管理外包理论回顾 ……………………………………… 28

　2.3 本章小结 …………………………………………………………… 48

3 基于道德风险的人力资源管理外包决策研究 ……………………… 49

　3.1 基于道德风险的人力资源管理外包模型构建 …………………… 52

　3.2 结果分析 …………………………………………………………… 56

　3.3 本章小结 …………………………………………………………… 59

4 人力资源管理外包项目组合赋权 GRA 决策模型研究 …………… 61

　4.1 组合赋权 GRA 模型 ……………………………………………… 64

　4.2 模型结果及分析 …………………………………………………… 69

　4.3 本章小结 …………………………………………………………… 72

5 人力资源管理外包商效率评价模型研究 …………………………… 73

　5.1 外包商评价指标确定原则和选择程序 …………………………… 75

　5.2 基于 Malmquist 指数的人力资源管理外包商

　　　动态效率评价模型 …………………………………………………… 77

　5.3 基于 AHP/SFA 的人力资源管理外包商绩效评价模型构建…… 88

　5.4 Malmquist 指数方法与 AHP/SFA 方法的比较 ……………… 94

　5.5 本章小结 …………………………………………………………… 95

6 基于系统动力学的人力资源管理外包风险仿真研究 ·············· 97

　6.1 人力资源管理外包风险系统动力学模型 ·············· 99

　6.2 人力资源管理外包风险系统仿真 ·············· 108

　6.3 本章小结 ·············· 111

7 我国企业实施人力资源管理外包策略研究 ·············· 113

　7.1 制约我国人力资源管理外包发展的因素 ·············· 115

　7.2 人力资源管理外包实施流程 ·············· 118

　7.3 人力资源管理外包风险机制的建立 ·············· 130

　7.4 结论 ·············· 133

8 总结与展望 ·············· 135

　8.1 全书总结 ·············· 137

　8.2 研究展望 ·············· 140

参考文献 ·············· 142

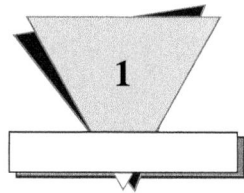

绪　　论

1.1　研究背景与意义

1.1.1　研究背景

随着经济全球化的不断深入和科学技术的迅猛发展，现代企业面临着越来越激烈的竞争。单一企业拥有的资源有限，仅靠自己内部的资源难以应对这种激烈的竞争，必须积极利用外部资源，获取更大的优势。为了在竞争中立于不败之地，企业必须充分整合、利用现有资源，以快速度、高质量、低成本以及完善的服务与对手展开竞争，从而获得持续发展的独特的竞争优势。业务外包正是在这种背景下产生的，其核心思想就是通过优势互补，让企业保留其最具竞争优势的业务，而将其他业务委托给比自己更具成本优势和专有知识的企业。

随着20世纪90年代企业"回归主业、强化核心业务"理念的流行，人力资源管理外包逐渐风行起来，在欧美等发达国家已发展到相当成熟的阶段。通过人力资源管理外包，企业与外部合作者建立了共赢的战略合作伙伴关系，从而降低成本、提高效率，获得整体竞争优势。但由于员工、外包商、合同、安全保密、市场不成熟等方面因素，人力资源管理外包也存在着很大的风险。因此，必须加强人力资源管理外包服务供应商①绩效评价模型研究，为开展人力资源管理外包提供理论依据和可行的操作方法，使人力资源管理外包的决策和实施更加科学合理。根据对北京、上海、广州、深圳等地数百家企业的调查，59.2%的企业认为人力资源管理外包可以提供高质量的人力资源管理服务，55.1%的企业高层管理领导认为人力资源管理外包是一个很好的人力资源管理方式。现在从事人力资源管理外包的企业越来越多，既有外资企业、合资企业，也有国有企业。近

---

①　为便于行文和阅读，本书一般将人力资源管理外包服务供应商简称为外包商。现在人们有时可称之为人力资源外包服务公司。

年来，许多民营企业也加入人力资源管理外包服务的行列之中，而且发展势头十分迅猛。随着人力资源管理外包的不断发展，外包项目更加广泛，从最初的事务性操作层面逐步扩展到战略性层面。人力资源管理外包在全世界范围内迅速流行有很多驱动因素推动。

1）知识经济使人力资源管理成为一种专业性较强的社会化分工

市场容量的增大是劳动分工进一步增加的前提。贝克尔、杨小凯等人的研究指出，整个人类社会所拥有的知识的增加、技术的进步，将使市场一体化程度和市场容量同时增大，个人专业化程度和全社会职业多样化程度也将进一步提高。知识经济的产生使得大量前所未有的以知识为特征的社会化分工出现，并成为产业链的一个中间部分。人力资源管理外包正是知识经济下新型劳动分工的体现。人力资源管理外包服务供应商的出现，意味着人力资源管理理论的发展和技术的进步，使得人力资源管理日渐成为一种高度专业化的技能。知识的专业化使得提供这种知识的服务有可能成为知识产品，通过市场分工实现其价值。企业的需求提供了人力资源管理外包的市场。当企业内部无力提供某种专业化服务，或者自主服务不具有规模经济时，人力资源管理外包是一种有效的选择，即通过长期合约的形式，避免企业内部过高的人力成本和"协调成本"。通过人力资源外包，由专门的公司和专业人士集中处理事务，对外部服务机构来说具有规模效益，对客户公司来说可以降低成本。

2）中小企业管理资源不足产生人力资源管理外包的客观需求

中小企业面临的主要问题是资源不足，包括管理资源。不少中小企业由于规模的限制，没有设置人力资源管理职能部门，相关工作由办公室兼管；有的企业虽然设有人力资源部，但没有人力资源管理的专业人员，主要从事一些最为传统的行政性人事活动，如发放工资、负责考勤、填报表格等。由于管理资源的不足，中小企业往往没有系统的人事制度，不能给雇员提供完备的福利待遇和培训机会，更没有战略性的人力资源规划，在实践中则表现为难以招聘到高素质雇员，关键人员流动率高，员工满意度差。人力资源管理外包的出现，使中小企业有机会利用外部资源弥补自身的不

足，大幅提高自身的人力资源管理水平，在人才市场上与大企业争夺资源。

3）人力资源管理转型的需要

人力资源部门的主要职能应是把握大局，为企业制定整个的人力资源战略规划。但目前大部分企业的人力资源部门更多的时候仅是作为一个职能部门，为企业提供必要的细微烦琐的事务性工作，如员工招聘、档案管理、工资福利、培训、绩效考评等，一直担当的是内部服务供应商、内部顾问的角色。想要让人力资源管理从久居的后院走到企业的前台，实现人力资源部向企业策略家的角色变化，促进人力资源管理从事务型向策略型的转变，就要将其部分事务性工作外包出去，让人力资源部门的职员从繁重的低层次、重复性事务中解脱出来，专注于比较重要的战略性工作，比如企业的人力资源短期和长期规划、员工生涯管理、企业文化建设等。

4）企业构建核心竞争优势和管理体系改变的需要

随着企业之间的竞争日益激烈，传统的规模经济在知识经济社会里已经不再占有昔日的优势，取而代之的是一些职能简化、规模小、技术含量高的小型的扁平化的企业。企业简化职能、构建核心竞争优势，必将促使人力资源管理部分职能外包，只留下自己最擅长的主营业务，提高组织的核心竞争力。企业要上市时，对正规运作有更高的要求，财务和人力资源的管理会得到特别关注。外包为企业迅速建立健全完善的管理体系提供了可能，而体系的建立过程也是对本公司人员一个培训和提高的过程。另外，两个企业在合并与收购过程中，双方员工的薪酬、福利等整合起来会很复杂，很多信息也不便于透露给对方。这时如果委托给外包商米做，就相对容易和公正得多。

5）企业业务流程再造的需要

企业进行彻底的流程再造，将决定权进一步下放到一线员工，将使企业的职能部门成为一种为经营单位提供服务的机构。在这种新的组织形式下，其他部门对人力资源管理部门的服务就有了选择性：它们可以选择内部的人力资源部门来提供想要的服务，也可以选择外部专门的人力资源机构。这种选择必将引发内部人力资源部门和外部人力资源机构在大部分可

以外包的人力资源管理业务上的竞争。而竞争的关键将是服务的质量和价格，外部人力资源机构以其专业的服务和规模经营的低价格很可能在竞争中取胜。从战略人力资源管理的观点出发，人力资源管理外包的产生是具有战略意义的。充分利用外部资源从事与组织竞争优势不直接相关的管理业务，可以降低组织的运行成本，人力资源管理部门就能够把精力集中于具有高附加值的业务上。利用这种外部关系，不仅可以解决效益和战略支持间相互矛盾的问题，还可以对资源按照特殊性和及时性原则进行最佳配置。对那些利用率不高的资源，就不必花费大量资金在组织内部建立和维持，而可以借助于其他组织来获得。专业服务市场的建设和完善，使传统的专业人士向更具适应性的多面手转变，以适应对职业技能越来越广泛的要求。最近的一项调查表明，在美国有 77%~93% 的企业在不同程度上利用外部资源来完成人力资源管理的一些职能。总之，外包的推动力来自多个方面，如公司对人力资源管理的战略需求、公司管理流程的规范化、网络普及等，但相比之下，根本动力还是人力资源部门职能定位的变化。

人力资源管理是一个包括多个管理项目的复杂系统，面对众多的人力资源管理项目，如何选择人力资源管理外包项目及其优先顺序，如何从传统的定性判断向定量研究过渡，如何对人力资源管理外包服务供应商绩效进行科学合理的评价以及人力资源管理外包过程的风险分析，成为人力资源管理外包成功的关键和研究的主要方向。

1.1.2 研究意义

随着社会经济的发展，人力资源越来越受到人们的重视。企业的竞争、国家综合实力的竞争归根结底是人才的竞争，人力资源是使企业获得持续竞争力的潜在的核心资源。因此，人力资源管理成为现代企业管理的核心内容，人力资源管理外包在企业中发挥着越来越重要的作用。当人力资源管理与企业的总体战略计划相联系时，战略型人力资源管理的概念应运而生。战略型人力资源管理就是围绕企业的战略目标而进行的人力资源管理。战略型人力资源管理促使人力资源管理职能出现转变。人力资源管

理部门从低层次的、重复性的、事务性的工作中解脱出来，开展与企业战略相关的人力资源管理核心业务，真正实现其战略职能。这就使人力资源管理外包成为可能。

外包给企业带来的优势和可能产生的风险，提高了人们特别是企业经营者对人力资源管理外包的认识程度和重视程度。对人力资源管理外包全面系统的理论分析和方法研究，为开展人力资源管理外包提供了理论依据和可行的操作方法，使人力资源管理外包的决策和实施更加科学合理。通过对人力资源管理外包决策、供应商评价以及风险分析的研究，可以建立一种企业和供应商之间合作共赢的新的经营理念，推进战略合作伙伴关系的建立和发展，建立健全市场经济体制和运行机制，改善宏观环境，促进我国人力资源管理外包市场的不断完善，使人力资源管理外包行业健康稳定发展。

随着市场竞争的日益加剧，速度和效益成为企业生存和发展的关键。相应地，对企业人力资源管理转变职能、提高效率提出了更高层次的要求，而人力资源管理外包越来越显示出其重要性和必要性。欧美许多大公司的实践表明，推行人力资源管理外包其实是对公司的人力资源管理和整个组织机构运作施加外力管理，从而在人事管理、企业技术资源管理、企业提供的服务等各方面大大提高运作效率，并实现成本降低。结合专家学者、咨询服务公司和人力资源经理的意见，人力资源管理外包能给公司带来下列收益：

1）聚焦主营业务

人力资源管理外包给企业带来的好处是显而易见的。许多企业的实践证明，如果所有人力资源管理工作都由企业内部的雇员来完成，一方面，耗费成本较大，另一方面，人力资源部门人员将大量时间花费在这些事务性、常规性的工作上，没有足够的时间、精力来规划公司长远的人力资源战略。大量企业逐渐认识到，没有必要雇用那么多人来做基本的人力资源工作，但是基本的人力资源行政操作必不可少，于是这些事务性工作就被转交给了人力资源管理外包机构。来自翰威特咨询公司的资料显示，通过外包，企业能更加专注于自己的核心竞争力，这是企业所能够谋求的最大利益。企业可以将人力资源管理中那些事务性、程序性的工作交由外包管

理，与专业的外包管理机构建立合作伙伴关系。事实上，许多公司正在通过外包商为其提供全面的人力资源管理方案，确保企业突出经营重点和提高绩效。外包商能够帮助人力资源管理人员从日常行政管理职责中解脱出来，把精力集中在企业高层的战略规划职能上。

2）使企业实现最佳资源配置

任何一家企业在可获得的资源（包括自然资源、人力资源和管理资源等）上都有自己的局限性。外包能使企业将原来用于非关键业务的资源、设备用于关键业务上，从而更好或更直接地服务客户。通过对人力资源管理辅助业务的外包，既节省了公司大量的人力、物力，降低运作成本；又可使公司专注于核心业务，帮助企业在行业竞争中获得优势。

3）提高人力资源管理部门的效能

人力资源管理外包能够大大提高人力资源部门服务组织的效能，帮助企业建立完善的人力资源管理制度。当企业的人力资源部门无力、不擅长或不便于满足某些要求时，将任务外包给社会上的专业服务公司或顾问人员将是必然的选择。PEO（Professional Employee Organization）公司和"临时雇员"公司可以帮助企业突破逐渐老化的管理模式，制定清晰的工作说明书和岗位规范，将员工考核记录及时归档，管理员工进出记录，建立人力资源管理信息系统等。有效的人力资源管理制度能够改善工作环境，提高工作绩效，同时能使企业更快更好地满足顾客的需求。

4）掌握专业的管理程序与服务

越来越多的公司采用人力资源管理外包的另一个原因在于，高层经理发现自己正面临着法规、政策、金融、技术、公司治理等风险。而那些专业人士所提供的优质的人力资源管理服务，正好是他们所需要的。例如，市场上的人才竞争促使公司内部的薪酬福利制度设计更加复杂，外包商可以凭借经验、知识、技术等一系列优势帮助企业在最短的时间内按需要调整薪酬福利管理的操作流程，以免除企业在这方面的后顾之忧。

5）持续获取先进的专业技术

继信息技术革命之后，人力资源职能也经历了翻天覆地的变化，人力

资源职能的成功运行，也需要加大技术投资力度。例如，人力资源职能需要通过技术资源实施或更新 ERP 系统；提供电子化人力资源管理程序；开发相关应用软件和平台，为员工和经理提供自助服务；建立数据库和知识管理系统，行之有效地运用员工数据。上述几个方面需要进行重大投资，而外包协议则为企业提供了一种获取和持续性拥有最新技术的途径，外包商持续地提供最新系统和技术，而企业可以避免这些投资。

6）控制经营成本

在有效控制和降低运营成本，实现一流的高效运作和服务方面，外包的积极作用也相当明显。外包商可以凭借服务于众多企业的规模效应而有效控制成本，并可以集各家所长，积极采用市场上最佳的人力资源操作方案与操作体系。翰威特上海福利计划与人力资源行政服务首席顾问柯嘉利女士一再强调说，人力资源的实际成本比人们想象的要高出很多。她说，在处理整个人力资源管理服务的过程中，成本并不仅仅是付给雇员的直接的薪酬福利费用，对公司而言，还包括电脑硬件、软件系统的费用，以及办公费、管理费、培训和发展费用。另外，还有员工离职所带来的一些风险。

除了上述几个方面，人力资源部门往往还会忽略或低估另一种成本，即时间成本。密歇根大学商学院的戴维·尤里奇教授（David Ulrich）指出，人力资源部门通常花费 60%~80% 的时间进行行政管理类的工作，仅有不足 20% 的时间用于担当企业战略合作伙伴、支持员工利益和担任相关人力资源问题的专家。这些时间如果换算成钱的话，也是一个很大的费用。所以，企业对于人力资源成本的预估是远远低于它的实际成本的。

1.2　研究内容、结构和创新之处

1.2.1　研究内容和结构安排

与目前国际和国内的主要研究内容比较，本书在之前研究的基础上对

人力资源管理外包进行了更深入的理论研究及实证研究，主要包括以下方面：

（1）基于道德风险的人力资源管理外包决策研究；

（2）人力资源管理外包项目组合赋权 GRA 决策模型研究；

（3）基于 AHP/SFA 的人力资源管理外包服务供应商绩效评价模型研究；

（4）基于 Malmquist 指数的人力资源管理外包服务供应商效率评价模型研究；

（5）基于系统动力学的人力资源管理外包风险仿真研究；

（6）我国企业实施人力资源管理外包策略研究。

具体章节安排如下：

第1章：绪论。介绍选题背景、研究意义，并概括了本书的主要研究内容和创新点。

第2章：人力资源管理外包决策研究现状及理论回顾。首先将有关外包的研究理论归结为五个主要的领域，即组织发展、绩效评价、决策、合同管理和关系建立。从战略管理视角和经济视角对传统的外包理论进行了归类介绍。之后讨论了目前人力资源管理外包的新的理论发展，包括基于非对称信息理论的人力资源管理外包风险管理，基于不完全契约理论的人力资源管理外包管理决策，基于供应链管理的人力资源管理外包管理决策以及基于系统工程理论的人力资源管理外包风险管理等。

第3章：基于道德风险的人力资源管理外包决策研究。主要研究企业的人力资源管理外包决策问题，企业可以选择自行进行人力资源管理，也可以选择将人力资源管理外包给专业公司。相较于企业，专业公司拥有更加低廉的人力资源管理成本。根据企业的上述两种选择，分别建立了内部人力资源管理模型和人力资源管理外包模型，并讨论了企业选择人力资源管理外包的最佳机会。同时，为了消除人力资源管理外包时的道德风险问题，使用收益分享合同进行激励，得到了完全消除道德风险的效果。通过进一步分析，还得出了人力资源管理外包可使人力资源管理总利润增大的结论。

第4章：人力资源管理外包项目组合赋权 GRA 决策模型研究。定性

方法为人力资源管理外包项目的决策提供了良好的理论依据和参考，但是对各人力资源管理项目外包的可能性、优先性等的决策缺乏较为精细的判断和分析。而现有定性方法虽然充分利用了专家的知识和经验，以及决策者的意向和偏好，在决定人力资源管理项目外包的优先顺序等方面具有较高的合理性，但其无法克服随意性较大的缺陷。因此，尝试在对人力资源管理外包项目定性分析的基础上，利用组合赋权 GRA 模型，充分利用主观赋权法和客观赋权法的优势，对人力资源管理外包项目进行决策和分析。

第 5 章：人力资源管理外包服务供应商效率评价模型研究。对人力资源管理外包商绩效进行评价，是降低人力资源管理外包风险的重要手段。首先，利用多层次/随机前沿分析（AHP/SFA）综合方法进行了外包商效率评价建模，这种方法既可以避免传统评价的主观性因素，也可以从动态的角度评价人力资源管理外包商绩效的变化趋势和影响因素。实证检验表明，不同备选外包商的绩效是有差异的，多层次/随机前沿综合分析法的结论简洁有效。这为选择合适的人力资源管理外包商提供了更多的参考依据。其次，利用 Malmquist 指数方法进行了外包商效率评价建模。该方法既可以避免传统评价的主观性因素，也可以从动态的角度评价人力资源管理外包商绩效的变化趋势和影响因素。实证结果表明，目前人力资源管理外包服务供应商行业绩效在不断提高，但增长率不断递减，不同的备选外包商的发展是有差异的，其推动因素也是不同的。这为选择合适的人力资源管理外包服务供应商提供了更多的参考依据。

第 6 章：基于系统动力学的人力资源管理外包风险仿真研究。为了分析人力资源管理外包风险因素以及外包风险的动态特征，基于系统动力学建立了人力资源管理外包风险系统动力学模型，并对模型进行了系统仿真。从仿真的结果可以看出，人力资源管理外包可以在一定程度上降低企业的质量风险。而人力资源管理外包对于企业成本的降低存在一定延迟。由于可能长期存在企业文化冲突，因此企业对外包商的工作并不认同或配合，易引起文化差异风险的波动。由于企业在外包过程中不断泄露信息给外包商，因此企业管理能力下降，失控风险增加。

第7章：我国企业实施人力资源管理外包策略研究。分析了制约我国人力资源管理外包发展的因素，包括：企业所有制的影响，现代人力资源管理体系没有确立，人力资源管理制度落后，雇员规模和劳动力成本的制约以及外包服务供应商发展滞后等五个方面。还分析了人力资源管理外包风险控制模式，从探索阶段、商议阶段、转型阶段和评估阶段讨论了人力资源管理外包的基本流程。在此基础上，进一步分析人力资源管理外包风险机制的建立。

第8章：总结与展望。对全书的研究内容进行了总结，并提出研究展望。

本书的结构安排及内容体系如图1-1所示。

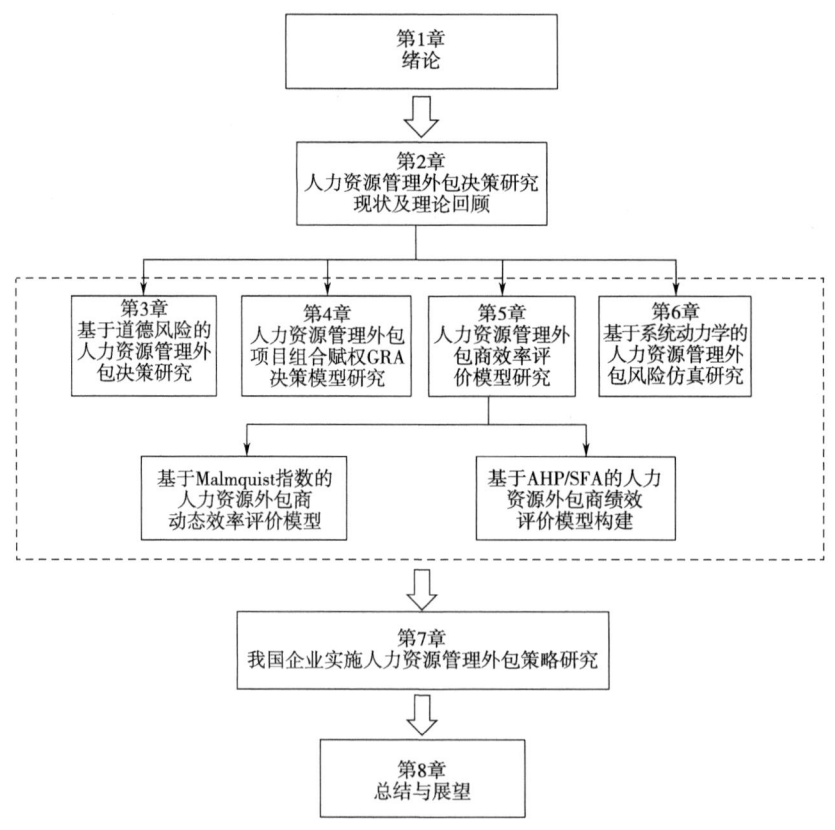

图1-1　本书的结构安排及内容体系

1.2.2　本书的主要创新之处

首先，本书利用多层次/随机前沿分析（AHP/SFA）综合方法，既可以避免传统评价的主观性因素，也可以从动态的角度评价人力资源管理外包服务供应商绩效的变化趋势和影响因素。实证检验表明，不同备选外包商的绩效是有差异的，多层次/随机前沿综合分析法的结论简洁有效。这为选择合适的人力资源管理外包服务供应商提供了更多的参考依据。

其次，本书尝试利用 Malmquist 指数方法从动态的角度对人力资源管理外包商进行评价研究。与传统方法相比，利用 Malmquist 指数方法既可以避免传统评价的主观性因素，也可以从动态的角度评价人力资源管理外包商绩效的变化趋势和影响因素。实证结果表明，目前人力资源管理外包商行业绩效在不断提高，但增长率不断递减，不同的备选外包商的发展是有差异的，其推动因素也是不同的。这为选择合适的人力资源管理外包商提供了更多的参考依据。

最后，为了分析人力资源管理外包风险因素以及外包风险的动态特征，本书基于系统动力学建立了人力资源管理外包风险系统动力学模型，并对模型进行了系统仿真。

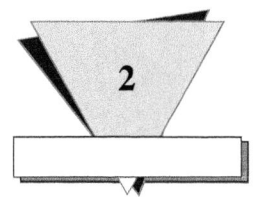

2

人力资源管理外包决策研究现状及理论回顾

2.1　人力资源管理外包研究

2.1.1　人力资源管理外包决策研究

奎恩和希尔玛（J. B. Quinn & F. G. Hilmer）在 1994 年提出了从独特性和战略性划分的关于外包决策的二维模型。而美国马里兰大学学者戴维·乐帕克和斯科特·斯奈尔（David Lepark & Scolt Snell）在交易费用理论和资源基础理论上建立了人力资本雇佣模型理论，这个模型加以改造也可用于决定人力资源管理外包或内部决策，如图 2-1 所示。

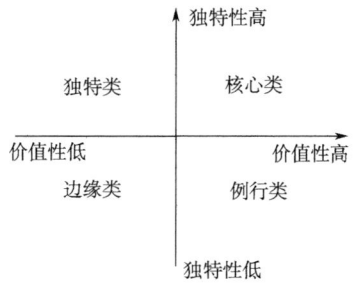

图 2-1　人力资源管理职能和活动外包的决策模型

该模型有两个基本维度，即价值性和独特性。如果一项人力资源管理职能或活动能为企业带来更大的与顾客价值相关的战略性利益，那么它就具有较高的价值。如果一项人力资源管理职能或活动限定于某一企业，或是在外部市场上难以获得，那么它就具有较高的独特性。

这些研究一般按照战略性价值和独特性两个维度将人力资源管理的各项活动划分为核心类、例行类、边缘类和独特类。这种划分标准为人力资源管理外包决策提供了参考。核心类人力资源管理职能或活动具有高价值并且是独特的，企业为了增强自身的核心竞争力，多将它们交由自己的人力资源管理部门实施，如企业的人力资源长期规划。边缘类人力资源管理职能或活动为企业贡献价值的能力有限，并且外部市场的标准化服务足以

满足企业的要求，比如工资、退休金发放等事务，把它们外包出去比自己实行更有效率。例行类人力资源管理职能或活动虽然有助于企业获得竞争优势，但随着信息技术的发展，人力资源软件和数据库的功能不断升级且日益标准化，因此可以从组织外部很方便地得到。独特类人力资源管理职能或活动虽然能满足企业的特殊需要，但并不直接创造价值，如提高员工的士气、解决员工的冲突和抱怨等特殊人力资源管理活动都属于这一类。

由图 2-1 可知，位于象限 1 和象限 2 范围内的人力资源管理职能或活动适宜由企业自身的人力资源部门来执行。位于象限 3 和象限 4 范围内的人力资源管理职能或活动适宜以外包的方式施行。

阿兰·斯皮克（Alan Speaker）在上述模型基础上进一步发展了图 2-2 所示的模型。可交易性的活动，意味着完成这些活动不需要高水平的人际关系技巧，多数是一些事务性的、可程序化的活动；战略价值高，意味着对企业推行竞争战略的能力有直接影响；关联性高，往往是指具有很强的企业个性特征，与企业的长远发展密切相关的活动。左上角的活动特征为可交易性、战略价值高；右上角的活动特征为关联性高，同时战略价值也高；左下角的活动不直接影响竞争战略的实现，同时具有可交易性；右下角的活动关联性高，需要很高的人际技能。从斯皮克的模型可以得出，对于整个人力资源管理活动来说，适合外包的只是具有可交易性的那一部分活动，而对管理层十分重要的战略价值、关联性高的那一部分活动则仍然保留在企业内部。

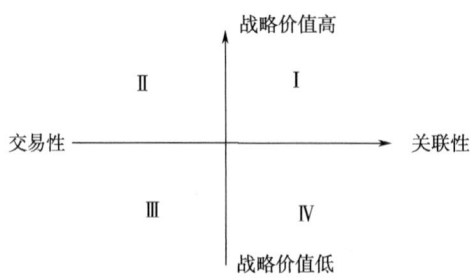

图 2-2 人力资源管理职能和活动外包的决策模型

　　阿诺德（Arnold，2000）给出了一个资源外包的分析模型，他认为人力资源管理外包活动一般包括四个元素：人力资源管理外包主体、外包目标、外包合作者以及外包设计。人力资源管理外包主体就是决定人力资源管理外包与否的机构或企业，它必须作出是否进行人力资源管理外包的决策。外包目标就是人力资源管理外包想要追求的结果。目标明确与否，直接关系人力资源管理外包能否成功。外包合作者就是所有可能完成外包目标的咨询机构或供应商，它通过外包目标与外包主体产生联系。外包设计就是对人力资源管理外包全过程的运作。

　　Fiver对影响人力资源管理外包决策的管理动机及人力资源管理外包和人力资源绩效的关系进行了初步研究。维宁和格洛伯曼（Vining & Globerman）于1999年提出了理解外包决策的概念性框架，目的是识别外包的风险及提供相应对策。他们认为在自制和外包的两种选择中存在三种成本：生产成本、谈判成本和机会成本。其中谈判成本和机会成本是监督成本，三种成本之和最小是外包决策的依据。决定谈判成本和机会成本的三个主要因素是生产复杂性、竞争性和资产专用性。其中竞争性最终可以归入资产专用性。

　　克拉斯、麦克伦登和盖尼（Klaas，McClendon & Gainey，1999）进一步把交易费用理论应用于人力资源管理外包研究。TCE（交易成本经济学）为理解人力资源与组织绩效关系的条件提供了一个有用的框架。TCE认为：①企业有两种治理结构可以选择：市场契约、组织层次。前者依靠外部供应商，后者依靠内部员工（Williamson，1985）。②企业会选择总交易成本最小的治理模式。总交易成本来自价格、维持契约和员工关系的费用、监督绩效的费用以及机会成本（Williamson，1975）。③不同治理结构会导致不同成本。市场契约更容易导致与外部供应商的机会主义行为相关的成本，组织层次更容易导致与效率低下相关的成本（Williamson，1993）。④组织特征会影响不同类型的成本及赢利能力（Williamson，1991）。

　　张晔林、陈万明（2004）在阿诺德模型的基础上，经过适当修改提出

一个人力资源管理外包的二轮驱动分析模型。外包主体对员工招聘、薪酬福利、培训发展、劳动关系等事务性操作作出是否外包的决策，同时这些活动也是人力资源管理外包的内在变革力。胡志林从对加强企业的核心竞争力能力的强、弱和收益成本比的高、低，构造了人力资源管理外包决策模型。郭彩云（2004）利用层次分析法从管理因素、战略因素、技术因素、经济因素、外包服务商等方面考虑是否进行外包，在作出外包决策的基础上利用模糊评判原理对外包内容进行优先顺序分析。张瑞超（2004）以企业内部资源的充分利用为目标，以交易成本和流程分析、系统分析等作为基本分析工具，建立了人力资源管理模式选择的多阶段决策模型。杨双毓（2007）运用层次分析法和模糊综合评判法的原理和方法构建了战略人力资源管理外包决策模型，使战略人力资源管理外包决策过程指标全面且层次清晰，避免了定性分析的不足，使人力资源管理外包决策过程更加科学化。

陈苗苗（2008）提出了"3W"模型，并在决策过程中引入了模糊综合评价法确定权重。袁飞（2010）以委托代理模型为基础，通过找出委托代理关系最优解的影响因素，提出了企业外包存在缺乏对外包商机会主义行为的有效监督和对外包隐性成本的预算两种风险。唐学臣（2011）的模糊综合评判法和综合加权多指标群组决策法，在对人力资源管理外包项目进行评估，对外包供应商进行选择方面，效果较好。胡然、李颖娟、郭旗（2012）提出在制定外包决策时应考虑外包内容、是否外包、外包给谁、外包期限四个问题，并根据四个问题构建了人力资源管理外包的"3W-H"决策模型。

从总体看，定性方法为人力资源管理外包项目的决策提供了良好的理论依据和参考，但是对各人力资源管理项目外包的可能性、优先性等的决策仍缺乏较为精细的判断和分析。而现有定性方法虽然充分利用了专家的知识和经验，以及决策者的意向和偏好，在决定人力资源管理项目外包的优先顺序等方面具有较高的合理性，但其无法克服随意性较大的缺陷。近年来，学者们开始尝试利用模糊综合评价、层次分析法等数量模型对人力

资源管理外包决策进行定量研究。如应祚来（2005）、周德鑫（2009）应用层次分析法对人力资源管理外包的项目决策进行了分析。李富兰（2007）将两种方法有机结合起来，对人力资源管理外包的项目决策进行了有效分析，取得了较好的结果。林伊利、陆剑峰（2013）在调查研究的基础上，通过层次分析法建立层次结构模型，利用灰色关联分析得出各个外包项目决策优先顺序，来决定外包的项目。王宇（2014）采用因素分析的方法分析影响组织选取人力资源管理外包模式的因素，用回归分析的方法，建立企业选择人力资源管理职能外包模式的模型。刘瑞明等（2018）从实证研究的角度构建企业的人力资源管理外包能力成熟度评价模型，从而确定企业的外包能力水平。刘逸群（2019）运用德尔菲法、层次分析法、模糊综合评价法和风险矩阵方法进行分析，建立了外包内容选择-成本收益分析-风险评估的人力资源管理外包决策模型。

1）综合评价方法的发展

目前绩效评价方法最活跃的研究领域集中在两个方面：一是直接对绩效评价内容的拓展及影响因素的优化；二是间接的对评价方法和模型的创新。直接的绩效评价指标主要基于单一财务指标，如投资收益率、净利润增长率及总资产报酬率等。间接的绩效评价方法一般都是基于最优化原理和满足化原理，通过把被评价事物多个指标的信息综合起来，形成综合评价方法。这一研究方向的主要思路在于使用和创造更新的数理评价方法，拓展评价分析的适用范围和评估结果的科学性和准确性。

随着数学模型与电脑建模计算的结合、相关计算软件开发的进步及计量模型的改进，关于企业绩效评价的方法发展很快。如费舍尔和霍特林（Fisher & Hotelling）于 1930 年开创了主成分分析法，将多元统计分析纳入评价理论；美国运筹学家萨蒂（T. L. Saaty）在 1977 年提出了层次分析法，完成了从定性分析到定量分析的过渡，1996 年他在此基础上提出了网络分析法；美国运筹学家查恩斯（A. Chames）等人以相对效率概念为基础，以凸分析和数学规划为工具开创了 DEA 模型（C2R 模型），即数据包络分析法；美国自动控制专家扎德（LA. Zadeh）于 1995 年提出了模糊

数学理论，并由此开创了模糊评价法，该方法不仅客观地按综合分值进行评价和排序，还能根据模糊评价集上的值对评定对象划分等级。主要论述的是在客观事物间存在着"亦此亦彼"现象，相对于普通集合中的二分法"非此即彼"的法则，能适应人类对外界事物的感知与思考，也就是没有明确的外延概念，此种观念即是模糊概念。在未来不确定情况下进行评估时，难免存在模糊性与不确定性，所以会产生风险使得决策有失。传统的多准则评估方法是以明确的方式来处理问题，并没有考虑决策目标具有模糊性、不确定决策环境与资讯不足的决策行为所存在的种种问题。在扎德提出模糊环境下的决策方法后，将模糊理论应用在多准则决策方法的研究众多，所提出的模糊多准则决策模式相当多，大致上模糊多准则可分为五种类型：①maxmix；②模糊数；③模糊绩分数；④模糊企业人力资源管理外包商选择研究；⑤混合综合评判及近似推论。

人工神经网络（Artificial Neural Networks，ANN）是20世纪80年代后期迅速发展起来的一门新兴科学，ANN可以模拟人脑的某些智能行为，如知觉、灵感和形象思维等，具有自学、自适应和非线性运动处理等特征。将ANN应用于供应链管理环境下合作伙伴的综合评价选择，意在建立更加接近于人类思维模式的定性与定量相结合的综合评价选择模型。通过对给定样本模式的学习，获取评价专家的知识、经验、主观判断及对目标重要性的倾向，当对合作伙伴作出综合评价时，该方法可再现评价专家的经验、知识和直觉思维，从而实现定性分析与定量分析的有效结合，也可以较好地保证合作伙伴综合评价结果的客观性。人工神经网络是人脑及其活动的一个理论化的数学模型，它由大量的处理单元通过适当的方式交互构成，是一个大规模的并行、分布处理结构的非线性自适应系统。信息的分布表示、运算的全局并行局部操作、处理的非线性是人工神经网络的三大特点。此外，人工神经网络还具有很强的学习和自适应能力。近年来，ANN在模式识别、联想记忆、函数逼近和非线性映射方面得到了广泛的应用。由于ANN有模仿人脑进行形象思维的能力，能够在很大程度上体现出人的思维方式和主观意愿，在涉及对量的数据进行分类识别方面有很大

的优越性。若能将其引入人力资源管理外包商选择决策方案的评价中，则可能是一种新的解决人力资源管理外包瓶颈的方法。

人工神经网络实现了对任何数据之间的函数关系进行广泛而又高度灵活的逼近，因此，在决策过程中对本数据已知而过程未知的情况，均可用人工神经网络加以处理。并且，相比于传统的决策方法，人工神经网络能够挖掘出更多的不可预见的隐含信息，特别是处理不能用数学模型表示的系统或不能用公式描述的问题，表现出更大的灵活性和自适应性。

2）以 Malmquist 指数为代表的评价方法

Malmquist 指数和随机前沿面（SFA）方法是近年兴起的间接评价方法。随机前沿函数分析（Stochastic Frontier Analysis，SFA）（Aigner & Lovell & Schmidt，1977）是一种参数方法，先估计一个生产函数，根据误差项的分布假设不同，采用相应的技术方法来估计生产函数中的各个参数；而 Malmquist 指数是一种非参数方法，它是在数据包络分析（DEA）的基础上发展而来的。数据包络模型（Data Envelopment Analysis Method）是由查恩斯、库伯和罗德斯（Charnes，Cooper & E. Rhodes）于 1978 年提出的处理多个决策单元的多投入、多产出模型的一种非参数的统计方法。不同于统计回归方法通过确定生产函数方程参数的最优值寻找适合绝大多数统计数据的回归曲线，DEA 方法使用线性规划方法构建一个包含最优评价单元的生产前沿面，并计算其他评价单元到生产前沿面的距离（Seiford & Thrall，1990）。在法尔等（Färe et al，1994a，1994b）之前，DEA 方法主要用于处理截面数据，法尔等将该方法推广到面板数据，用来计算多评价单元在一段时期的全要素生产率变化，即基于 DEA 的 Malmquist 指数方法。使用非参数 DEA 方法为基础的 Malmquist 指数方法研究全要素生产率，具有以下优点：①这种计算全要素生产率的方法所基于的 DEA 模型不需要提前确定输出单元与输入单元之间的函数关系，也不用对其形状进行假设，避免了因为提前确定它们之间关系带来的信息传递失误和评价人主观判断的影响；②DEA 方法可以自如地处理多投入和多产出的情况，无须决定其相对重要性，可避免主观权数决定与加总的难题；

③可以测算纯技术效率、规模效率以及引致技术变化的两种因素，对被考察机构的效率评价更加全面和准确；④可以最大限度地减少对价格等难以获取数据的依赖；⑤可以简单明了地进行问题说明，直接指明与最佳企业相比，被评价企业在哪些投入产出项目上有差距，从而找出提高效率的最佳途径。这些优点排除了主观因素的影响，具有很强的客观性。

3）关于供应商的评价研究

目前，关于供应商的评价方法，国内外专家学者作了大量的研究，主要方法有 AHP 法、模糊综合评价方法、神经网络方法、多目标线性规划法、多属性效用理论、DEA 方法等。如本德尔（Bender）等人（1985）应用线性规划法（Linear Programming），在一定成本水准之下，寻找品质分数最大的承包商。格里高利（Gregory，1986）和蒂默曼（Timmerman，1986）使用矩阵点数法（Matrix Model），根据不同绩效因素，给予不同权数，寻找点数和最大的承包商。苏库普（Soukup，1987）应用决策树法（Decision Tree）分析各承包商可能的表现及该绩效表现的概率，再决定最恰当的人选。Narasimhan（1993）、Nydick&Hill（1992）、Mchanty（1993）采用层次分析法（Analytical Hierarchy Process），此法利用层次结构帮助寻找适当的承包商，最上一层为目标（Goal），其次为评选准则（Criteria），最低一层为方案（Alternative）或候选承包商，其中评选准则可以按因果关系分好几层，最终选出分数最高的候选承包商。孙蛟等（2004）运用层次分析法（AHP）对供应商的环境管理因素进行考察，并在此基础上进一步运用 AHP 综合考虑战略绩效、组织和企业的总体规划，选择战略性合作的供应商。王宇（2005）、曾庆奎（2004）结合运筹学和模糊数学，利用神经网络方法对物流业务外包供应商的效率进行了评价分析和研究。高丽娜、王亚超（2006）利用 DEA 方法对第三方物流服务供应商的运作效率进行了综合评价。吴明晖（2008）运用 FAHP 对软件外包商的效率评价进行了分析研究。杨茂盛、李其远（2007）利用灰色聚类关联评价法针对第三方物流企业的外包主要风险进行有效的预估和评价，为风险的防范工作提供参考。王建军等（2008）综合应用层次分析方法、偏好顺序结构评

估法，提出了一种信息系统外包决策的综合评价方法。王新驰、姜军（2011）引入递阶多层次灰色评价法以及熵技术，在评价指标体系的基础上结合专家打分进行外包供应商的灰色评价与选择，为企业正确评价、选择外包供应商提供了一种科学有效的方法。董有德、李沁筑（2015）采用模糊质量功能展开（Quality Function Deployment，QFD）方法建立服务外包供应商选择的评价模型。屈琳（2016）提出建立人力资源管理外包服务供应商选择的评价指标模型，运用模糊层次分析法（FAHP）对外包服务供应商进行评价，为企业在人力资源管理外包的选择问题上提供一种科学有效的方法。

4）关于人力资源管理外包的评价研究

从目前的研究现状看，关于人力资源管理外包服务供应商评价的研究相对比较少，评价方法也较为简单。

这些评价方法大体上可以分为两类：一类是采用定性方法，如招标法、协商选择法等。另一类是采用 AHP 和模糊综合评价法等定量的方法。彭云艳（2006）利用模糊综合评价法对人力资源管理外包风险的评价进行了研究；李富兰（2007）综合利用层次分析法和模糊综合评价方法对人力资源管理外包供应商效率进行了评价；吴奇（2007）利用多目标决策法对人力资源管理外包供应商效率进行了评价研究，提供了一套人力资源管理外包供应商优化选择标准；王养成（2007）运用模糊方法，建立了外包服务商选择的熵权系数评价模型，为企业正确选择外包服务商提供了一种结构性方法。一般来说，在人力资源供应商初步筛选的时候，可以采用定性方法，以便在众多的备选对象中选择若干备选供应商；然后选取合适的定量方法对备选供应商进行评价，为最终的决策提供依据。孙璐、张艳鑫（2012）提出了一种基于熵权层次分析法的模糊综合评价方法，克服了传统的模糊综合评价法在权重确定方面的专家经验判断与主观性的问题。该方法利用层次分析法计算指标的主观权重，利用熵权法计算指标的客观权重，然后进行权重拟合，从而得到综合权重，最终得到更加合理的综合评价结果。此方法对于外包企业科学、准确地评估人力资源管理外包风险，

具有一定的理论意义与实践应用价值。汪艳霞、陆新文（2018）运用层次分析和灰色评价相结合的多层次综合评价法对人力资源管理外包的环境、管理、技术、安全四项风险进行评价，并通过制造业企业人力资源管理外包的情况进行了验证。刘玲等（2021）采用基于灰色关联系数理论的三角模糊数方法，解决了人力资源管理外包方案评价中多个定性指标转化为模糊数的问题。最终的评价结果仍然保留了模糊数的特性，这使得引入模糊数理论具有重要意义。

目前，人力资源管理外包商评价所使用的这些方法，相对比较简单，操作性比较强，充分利用了专家的专业经验，但这些方法主观性强，难以排除人为因素的弊端。此外，现在关于外包商的评价绝大部分采用的是截面数据，获得的是备选外包商在某一时间的静态评价结果，无法把握备选外包商的发展潜力。一般而言，企业与外包商的合作，尤其是人力资源管理外包业务的合作时间相对比较长，因而外包商的选择不仅应关注其现实的静态结果，更应该关注其发展潜力。

2.1.2 人力资源管理外包风险研究

奎林（Quelin）等人提出，在外包过程中，存在两个风险，一个是企业可能会过分依赖外包商，在管理过程中因缺乏与外包商的沟通而产生依赖性风险。他们认为，企业外包后就不再过问这部分工作，全部交由外包商负责，很少进行沟通。另外，如果外包商的工作效率及能力不能达到既定目标，会影响组织绩效的完成。把相关工作交给外包商后，企业失去了对这部分工作的控制（至少不能完全控制），当外包商的能力及效率不能达到预期时，就会导致企业进一步失去对这部分工作的控制。外包商的工作效率及能力不能达到既定目标，会影响组织绩效的完成，甚至企业的整体绩效。Logistics Today 杂志提出了外包的 40 条风险，并将这些风险分为外包战略风险、外包选择风险、外包执行风险及外包管理风险。这四个方面涵盖了整个外包过程可能会涉及的各种风险，包括企业战略决策上是否需要选择外包，外包选择什么项目、什么外包商，以及外包过程中企业内

部的管理和与外包商关系的管理。对于人力资源管理外包的风险，伊恩本吉尔（Benn Lan）提出主要存在差异性风险、与员工关系破裂风险、合同风险、承包方风险等；库克（Cook）提出，应该对最初规划进行充分分析后再选择合适的外包供应商，否则可能面临雇员士气低落，人力资源职能的外包可能导致企业对人力资源管理职能以及员工管理的失控，应该在与外包商签订合同的时候覆盖所有可能发生的风险。

国内对于人力资源管理外包的风险研究方面，黎佩芳（2000）应用委托-代理理论论述了来自合同方面的风险，认为外包过程首先要处理好外包商和企业的委托-代理关系。张翔（2003）从企业员工方面讨论了外包风险，人力资源管理的外包可能会影响员工的情绪，导致员工对未来的发展产生悲观想法，进而导致员工对外包行为进行抵制。缪小明（2005）等认为，企业人力资源管理外包风险包括员工流失风险、企业内部风险、信息不对称风险、企业信息泄露风险、文化冲突风险等几方面。张榫榫（2007）等的研究中提出全要素包括外部环境、内部环境、项目本身。外部环境风险包括法律保障缺乏、市场不规范、服务商质量水平和市场准入缺少标准、双方信息不对称。内部环境风险包括员工排斥、与外包商文化冲突等。项目本身的风险包括可能造成企业核心竞争力信息泄露、对外包商依赖的风险。桑春霞、陈华（2009）利用SWOT分析法对人力资源管理外包自身的优势、劣势以及外部的机会、威胁进行分析，进而探讨人力资源管理外包存在的风险问题。王庆、谢强（2009）从发包企业、服务企业、外部环境三个方面建立了人力资源管理外包风险测算指标体系，利用层次分析法和模糊综合评价法对外包风险进行测评。王新驰、姜军（2010）用Borda序值法对人力资源管理外包风险的四个阶段进行排序，使企业对外包的风险管理更有针对性。杜恒波、许衍凤（2011）构建了企业人力资源管理外包风险评价指标体系，用熵权法对各指标的权重进行赋值，并用模糊综合评价法对企业人力资源管理外包风险进行评价。郑克晖（2017）等从全流程的准备阶段、实施阶段、退出阶段三个阶段进行研究，其中：准备阶段风险主要是企业外包目的不明确，盲目追求趋势而无法达

到预期效果；实施阶段风险在于企业没办法随时掌控外包项目的实施状态，对外包业务缺乏有效监管，外包商可能危害企业利益；退出阶段风险在于对外包商的依赖，合同终止后企业对人力资源的管控能力不能恢复到外包之前，造成企业内部管理混乱。张进财、王霄（2020）通过归纳和总结相关文献，从社会网络分析的理论视角，探讨了企业人力资源管理外包不同阶段产生的、与不同社会网络关系结构相关的关系风险。同时，基于案例研究法进行了人力资源管理外包关系风险的实地案例分析和半定量的层次分析，效果良好。

我们通过上述对国内外有关外包风险文献的梳理发现，近年来，国内外对外包风险的研究文献较多，但是发表于重点期刊的较少，而且研究内容和方法以定性研究为主。研究领域还有许多非常重要的内容需要探讨，比如人力资源管理外包风险与企业的类型有怎样的联系，人力资源管理外包的风险对组织内的成员有怎样的影响等。此外，对人力资源管理外包风险以及风险的对策研究也有待深入，结合实际尽量降低外包过程中的风险，提高外包成功率，是未来需要研究的课题。

2.2　人力资源管理外包理论回顾

随着新时代的到来，越来越多的组织开始利用外部优秀的专业化资源来提高组织效率，充分发挥其核心竞争力，增强组织对外部环境的应变力。人力资源管理外包是指组织将一些非核心、次要或辅助性的功能或业务外包给组织外部的专业服务机构，利用它们的专长和优势提高组织的整体效率和竞争力。20 世纪 90 年代以后，人力资源管理外包成为全球性的趋势，美国著名研究机构扬基集团（Yankee Group）的调查报告显示，过去几年中，全球人力资源管理外包市场的年复合增长率超过 12%。尤其是近年，随着人力资源管理外包理论研究的不断深入，人力资源管理外包市场也迅速扩张，人力资源管理外包服务业正在成为一个高速成长的新兴产业。至 2009 年，全球人力资源管理外包市场的规模达到 1 200 亿美元。目

前，我国人力资源管理外包服务行业的发展水平还很低，研究制约我国人力资源管理外包服务业发展的因素，并提出针对性的解决方案，对于推动我国人力资源管理外包服务业的发展具有重要意义。企业为什么会选择把本由内部管理的人力资源管理交给外部的专业服务机构去负责？推动人力资源管理外包的原因是什么？如何对外包商进行选择和评价？如何在外包的整个过程中进行风险管理？人力资源管理外包会给企业带来哪些影响？学者们应用各种理论，分别从不同的角度进行了分析和解释。其中使用比较广泛、比较著名的理论包括交易费用理论、委托代理理论、核心竞争力理论、资源基础理论、价值链理论等。随着人力资源管理外包研究的不断扩展和深入，关于人力资源管理外包研究的理论和方法也越来越多。

从目前已有的文献来看，可以将有关外包的研究理论归结为五个主要的领域，即组织发展、绩效评价、决策、合同管理和关系建立，如图2-3所示。

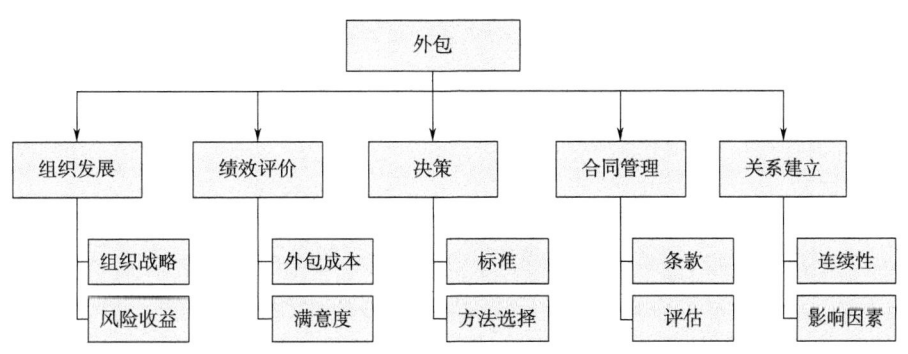

图2-3　外包研究理论的五个领域

1）组织发展

组织发展主要指从组织未来发展的角度来明确选择外包的理由和动机。由于外包被认为是为组织的生存和发展而作出的战略性决策，企业为什么会选择把本由内部管理的事务交给外部的专业服务机构去负责？这是战略决策时首先需要回答的问题。因此，许多研究者从外包对组织的影响

及外包的收益与风险两个方面分别提出了相关的解释。

2）绩效评价

绩效评价是外包过程中的重要环节，也是之后外包决策的重要参考。随着企业的外包变得愈加流行，组织中的实践者和研究学者想要利用客户满意度、服务质量、成本削减等一系列因素来衡量外包决策的成败。外包绩效的评价方法，尤其是对外包商的绩效考核指标的选择以及评价方法的选择，是近年来研究的热点问题之一。

3）决策

决策是外包管理过程中的核心问题，它与组织中的各种因素有关，因此对其的研究也较为复杂。为了进行有效的外包决策，组织不得不尽可能全面地从组织的内部和外部考虑影响外包决策的重要因素，这些因素包括人员、经济、组织和数据等。由于外包并不一定是所有公司的必然选择，而且错误的外包决策会导致重大的技术和经济上的挫折，因此只有在可选择的替代物——外包出现后，内部化问题的严重性才会被意识到，企业才有可能在战略决策过程中考虑进行相关方面的外包。

4）合同管理

合同管理是外包管理过程的关键。由于大多数外包的合同都包含软件、硬件、人员和场所等资产向服务供应商的转移，它很可能比其他的商业合同更为复杂。另外，正如梅耶（Meyer）曾指出的：一个成功的外包实践与失败的外包尝试之间的差别就在于外包服务商的选择和合同中订立的条款。在外包过程中，组织应当非常重视合同订立及合同管理的重要性。因此，如何订立规范的合同，并进行后续的合同管理也是重要的研究领域之一。

5）关系建立

关系建立主要讨论外包使用者与外包服务供应商之间的关系问题。由于法律的约束具有局限性，因此，即使签订了详细规范的合同，外包使用者也会寻求同外包服务供应商之间的弹性关系，即伙伴性的关系。一方面，游戏的规则在合同关系中被明确界定；另一方面，伙伴性关系

被认为是一系列没有明确终点的互换关系。这个问题包括成功外包关系的决定因素和建立、维持战略性关系的阶段模型，从而获得外包的最大优势。

2.2.1 传统外包理论

从以上的讨论可以知道，有关外包的研究理论归结为五个主要的领域，即组织发展、绩效评价、决策、合同管理和关系建立。目前，已经有很多的理论可以对企业业务外包这一行为作出解释，而每一种理论都是从某一个角度针对某一个研究领域来解释外包过程的相关问题。在实际分析时，我们必须多选择几种与外包联系比较紧密的理论，将它们结合起来进行综合的分析，才能得出比较全面、准确的结论。目前使用比较广泛、比较著名的理论包括交易费用理论、委托代理理论、核心竞争力理论、资源基础理论等。

1）交易费用理论

诺贝尔经济学奖获得者、英国经济学家科斯（Coase）早在 1937 年发表的《企业的性质》（The Nature of the Firm）一文中从为什么会有企业存在的问题引出了交易费用的概念。他提出了两个很有价值的思考：企业如何确定自己的边界；研究限制企业扩张范围的因素。科斯指出，由于交易活动的稀缺性，作为一种制度安排的市场运行是有成本的，称为市场交易费用。由于管理活动的稀缺性，企业的运行也需要一定的管理成本，称为企业内部交易费用。企业的边界，最合理状态就是市场的边际交易费用等于企业内部的边际交易费用。内部、市场交易费用的大小成为决定企业边界的两个重要因素。

虽然可以通过企业合并和纵向一体化来减少市场交易费用，但企业规模的扩大导致的"组织失灵"带来了内部交易费用膨胀的挑战。正是在这种情况下，外包成了企业一种新的制度安排的选项：一方面，通过外包使企业精简，进而减少内部交易费用；另一方面，外包可减少搜寻交易对象信息的费用。但是，交易费用与交易过程的特性是密切相关的。威廉姆斯

（Oliver Williamson）对科斯的理论作了进一步的发展和研究，并提出了一种更广义的解释：任何一个能表示为合约问题的经济、组织问题，都可以在节约交易费用这个意义上进行深入的探讨，即在市场短期交易和企业之间存在另外的有效形式，即长期合约。如果通过内部化无法实现规模经济，或者监督成本过高，长期合约可以替代企业纵向一体化，节约交易费用。威廉姆斯对交易费用的决定因素进行了深入分析，认为交易费用的决定因素可以归纳为两组：第一组是人的因素，即有限理性和机会主义；第二组是交易特性因素，即资产的专用性、交易的不确定性和交易出现的频率。

2）委托代理理论

委托代理理论最初是由简森（Jenson）和梅克林（Meckling）于1976年提出来的，主要涉及企业资源的提供者和资源的使用者之间的关系。其基本内容就是规定委托人聘用代理人完成某项工作时的委托代理关系的成立及代理人为了委托人的利益应采取何种行动，委托人相应地向代理人支付何种报酬，即通过委托人和代理人共同认可的契约来确定它们各自的权利和责任。委托人为实现既定的目标，通过一系列激励机制使代理人与委托人的利益尽可能地趋于一致，以促使代理人会像为自己工作一样去采取行动，最大限度地增进委托人的利益。委托代理关系也是一种均衡的人力资源管理外包的理论基础。但在实际经济活动中，这种均衡状态下的委托代理关系存在着四个方面的非均衡性：利益的非完全一致性、风险的非完全共同性、信息的非均衡性、环境的非确定性。委托人不能直接观测到并证明代理人实际选择的努力水平，这也就为代理人的"规避责任"提供了方便。由于这四个非均衡性的存在，委托人的既定目标不能实现。其结果是给委托人带来了代理成本，即委托人的经济目标与代理人的经济目标发生不利于委托人的成本偏差。

同样，在外包过程中也存在代理关系，随之产生了代理成本，并且对代理成本的预期是企业选择外包与否的一个重要的参考因素。外包与代理成本之间的关系可以用以下函数式表示：

$$外包 = f（代理成本）$$

代理成本 $=f$（监督成本、守约成本、剩余损失）

3）核心竞争力理论

企业核心竞争力是指企业独具的长期形成并融于企业内质中支撑企业竞争优势的、使企业能在竞争中取得可持续生存与发展的核心性能力。外包与核心竞争力理论（核心能力）紧密相连。柯里斯（Collis，1991）认为核心能力是指那些确定公司战略定位最为基础的资源。雷夫（Reve，1990）讨论了核心业务和补充性业务。他认为只有那些最特殊的技术，即核心业务必须保留在企业内部；而补充性业务则可以通过战略联盟或外包来处理。如果它是一些战略价值不高的商品，就可以在公开的市场上获取。雷夫还认为企业的技术轮廓随时间的变化而变化，新企业的核心技术往往占很大比重。随着时间的推移，企业经验曲线变得越来越陡峭，越来越多的产品部件可以在战略联盟或市场中获取，其战略核心也必须不断地进行重新定义。

对于资源外包对象选择，从核心能力角度来看，企业核心能力的产品和服务应该在企业内部制造或管理，其余则应外包给那些更具核心能力的企业。基于以上考虑，企业资源被划分为三个层次：核心资源、市场资源、外包资源。核心资源是支持和发展企业核心能力、培育企业核心业务和核心产品的资源平台或技术平台；市场资源是通过市场购买的质优价廉的标准产品或资源，对企业产品或服务的独特品质无大的作用；外包资源与企业核心业务过程关联程度高，为企业提供特定属性的产品或服务，影响核心产品的质量和绩效。

因此，从核心能力角度来看，具备企业核心能力的产品和服务应该在企业内部制造（Insourcing），其余则应外包（Outsourcing）给那些更具核心能力的企业。普拉哈拉德和哈默尔（Prahalad & Hamel，1990）指出，外包的核心竞争力理论的函数式如下：

外包 $=f$（业务的核心能力度）

4）资源基础理论

资源基础理论认为，各种资源具有多种用途，其中又以货币资金为

最。企业的经营决策就是指定各种资源的特定用途，且决策一旦实施就不可还原。因此，在任何一个时点上，企业都会拥有基于先前资源配置基础上进行决策后带来的资源储备，这种资源储备将限制、影响企业下一步的决策，即资源的开发过程倾向于降低企业的灵活性。

一般来说，企业决策具有以下特点：①不确定性，即决策者对社会、经济、产业、技术等外部环境不可能完全清楚，对竞争者竞争行为、消费者偏好的把握不可能绝对准确；②复杂性，即影响企业外部环境的各种因素的相互作用具有复杂性，竞争者之间基于对外部环境的不同感受而发生的互相作用具有复杂性；③组织内部冲突，即决策制定者、执行者、相关利益者在目标上并不一致，每个人都将从最大化自己的效用出发影响决策行为。这些特点决定了任何决策都具有较大的自由裁量范围，结果也会各不相同。因此，经过一段时间的运作，企业拥有的资源将会因为企业复杂的经历及难以计数的小决策的作用表现出巨大差异，企业一旦陷入偏差，就可能走入越来越难以纠正的境地。

资源基础理论认为企业在资源方面的差异是企业获利能力不同的重要原因，也是拥有优势资源的企业能够获取经济租金的原因。作为竞争优势源泉的资源应当具备以下五个条件：①有价值；②稀缺；③不能完全被仿制；④其他资源无法替代；⑤以低于价值的价格为企业所取得。因此，从资源基础理论来看，具备竞争优势的资源应该是企业关注的重点，而其他资源则可以通过外包获得，增加企业获得资源的灵活性。

切欧、格罗弗和滕（Cheo，Grover & Teng）将这些外包理论分为两大类：战略管理视角和经济视角。战略管理视角的理论主要关注制定和实施战略以实现既定的绩效目标，例如资源基础理论和资源依存理论。而经济视角则使用交易费用理论和代理成本理论来检验交易过程中经济组织之间的协调和权力分配关系。还有一种研究方法是从社会视角来进行研究，例如权利政治理论和社会互换理论，主要关注外包服务供应商和外包使用者之间的关系，如表2-1所示。

表 2-1　外包理论比较

研究定位	外包理论	研究角度	研究要素	主要框架
经济视角	交易费用理论	费用角度	生产费用、交易费用	资产专有性，不确定性和交易重复出现的频率
	代理成本理论	基本委托代理关系	监督成本、守约成本、剩余损失	风险规避、可衡量性、不确定性、计划
战略管理视角	资源基础理论	资源的稀缺性	物质资本、人力资本、组织资本	价值、稀缺性、不可改变性、不可替代性
	资源依存理论	外部资源不确定性	土地、劳动力、信息、产品、服务	任务的集中度、广泛性，内部关联性；资源的重要性、可选择性
社会视角	权利政治理论	权利结构	权利、政治	权威，资源可获得性，依存度和替代性；决策标准的选择，信息的选择，外部专家的选择，联盟的建立
	社会互换理论	互动过程	信任、文化交流	比较水平

资料来源：MYUN J CHEON，VARUN GROVER，JAMES T C TENG. Theoretical Perspectives on the Outsourcing of Information Systems ［J］. Journal of Information Technology，1995，10（4）.

2.2.2　人力资源管理外包决策理论

1）基于不完全契约理论的人力资源管理外包决策理论

根据交易费用理论，所谓交易费用是指在安排管理和监控交易过程中所发生的费用，如发现市场价格、谈判、履约、管理必要的后勤等费用。交易费用的内容主要包括：

（1）"运用价格机制的成本"，记载交易中发现相对价格的成本。例如获取和处理市场信息的费用，这是在交易准备阶段产生的费用。

（2）为完成市场交易而进行的谈判和监督履约的费用，包括讨价还价、订立合同、执行合同并付诸法律规范而必须支付的有关费用。

（3）未来的不确定性引致的费用以及度量、界定和保护产权的费用。科斯认为，交易费用是由信息的不对称性、有限理性、机会主义和交易的不确定性等因素引起的。

完全契约是指缔约双方都能完全预见契约期内可能发生的重要事件，愿意遵守双方所签订的契约条款，当缔约方对契约条款产生争议时，第三方（比如说法院）能够强制其执行。不完全契约是相对于完全契约而言的，该理论认为，由于个人的有限理性、环境的复杂性及不确定性等因素的存在，当事人在订立契约时无法将未来的所有可能情况均列示于契约当中，因而完全契约在现实中难以实现。完全契约与不完全契约的根本区别在于：前者可以规定各种或然状态下的权利和责任，即使由于信息不对称出现机会主义行为，也可以通过设计合理的完全激励契约来规避；后者不能规定各种或然状态下的权利与责任，在自然状态实现后需要通过再谈判来解决，所以不完全契约理论的着眼点在于对事前权利进行机制设计或制度安排。

从以上的讨论可以知道，科斯开创了交易费用经济学的研究，威廉姆斯等人在科斯交易费用理论的基础上对企业交易费用的决定因素进行了深入研究，但他们的解释都没有清楚回答到底什么是交易费用，交易费用又是从哪里来的。之后，格罗斯曼（Grossman）等人的研究进一步回答了交易费用来源的问题，认为契约的不完全性是产生交易费用的基本原因。可以认为，不完全契约理论是对科斯定理的一个重大推动。

格罗斯曼和哈特（Grossman & Hart，1986）较为明确地给出了不完全契约的理论解释。之后，哈特和摩尔（Hart & Moore，1990）在此基础上进一步完善了该理论，形成了 G-H-M 分析框架。哈特和摩尔考虑了更一般的情况，他们把契约看成一种结果的表达。最佳的契约在事前效率和事后效率之间权衡取舍。根据哈特的观点，不完全契约理论中交易费用的来源主要有以下几个方面：首先，由于世界的复杂性和不可预测性，人们很难预测未来事件，无法根据未来情况作出计划。其次，由于很难找到一种共同的背景来理解、描述各种情况和行为，过去的经验往往不起作用，因

此即使缔约双方能够对单个事件作出计划，也很难对这些计划达成一致协议；最后，即所谓的可观察但不可证实。也就是说，即使签约各方能对未来计划达成一致协议，也很难将其表达清楚，这就会造成在出现纠纷时，因无法明确这些契约条款的意思而无法执行契约。

完全契约理论是以信息不对称和风险偏好差异为基本假设的委托代理理论，假定激励问题产生的原因是道德风险或者逆向选择风险造成的信息不对称，假设签约人的风险偏好为中性，并且他们之间是信息对称的，哪怕这些信息不可能是不完全的。交易经济学理论则认为"有限理性"是产生交易费用的原因。不完全契约理论承认了"有限理性"是交易费用的重要来源，但是一个难以在正式模型中分析研究的变量。由于信息不对称和有限理性难以界定和把握，不完全契约理论提出契约的不完全性源于某些关键变量所处的"可观察到的但无法被第三方证实"的经济环境。这些所谓的"关键变量"主要是指与专用性投资相关的变量，如专用性投资的水平、种类等。

这应该说是一个巨大的进步。不完全契约理论模型认为各种交易费用的存在导致了契约的不完全性，尤其是那些与专用性投资密切相关的合同更是不完全的。也就是说，契约无法"对未来的所有或然事件及其相关的责任权利作出明确的规定"。这个与未来不确定性相关的权力就是"剩余控制权"。

他们认为，物质资本的所有者应该掌握"剩余控制权"，即对物质资本所有权的拥有是在契约不完全情况下权利的基础，而且对物质资本所有权的拥有将导致对人力资本所有者的控制，因此企业也就是由它拥有的非人力资本所规定的。由此可以看出，所谓非人力资本的"剩余控制权"实际上就是"产权"。而且产权就是一种不完全契约。此外，不完全契约理论模型还进一步探讨了雇佣契约和买卖契约的区别。虽然它们都是不完全契约，但雇主由于拥有非人力资本，也就拥有了对不完全契约的"剩余控制权"，而企业外部与企业之间的契约则不具备这种能力，这便是分析一体化与外包问题的线索。于是，兼并或是一体化也就有了清晰的定义——

"一个企业对另一个企业非人力资本的获取。"不完全契约理论从产权和激励的角度审视了一体化与外包的成本与收益，为后来的研究奠定了理论基础。他们的核心观点是强调"剩余控制权"的转移对双方的影响。由于契约是不完全的，如果存在专用性投资，就必然发生事后"敲竹杠"行为以及相应的再谈判过程和利益分配，由于预期到事后的问题，交易双方的选择将导致专业投资不足问题。因此，应该由一方将契约中难以明确的这部分"剩余控制权"购买过去。获得剩余控制权的一方将因此投资激励，而失去剩余控制权的一方则将减少激励。如果增加的激励所提高的生产率足以弥补减少的激励所损失的生产率，那么这种"剩余控制权"的转移就是帕累托改进的。

2）基于供应管理理论的人力资源管理外包决策理论

供应链管理主要包括计划、组织和控制从供应商到用户的物料和信息以及从最初原材料到最终产品及消费的整个业务流程，这一流程连接了从供应商到顾客的所有企业。供应链包含了企业内部和外部为顾客制造产品和提供服务的各职能部门所形成的价值链。其目标在于提高用户服务水平和降低总的交易成本，并且寻求二者之间的平衡。通过分析并改善从原材料生产、成品或服务制造到运送到客户手中的每一个步骤，完成一件完美的交易，为客户增加价值并提高供应商之间的交易效率。人力资源管理也可以看作一条供应链，其通过人力资源职能外包战略，将人力资源管理供应链中的薄弱环节交给外部的专业公司运营，获取外部供应商的专业技术和更高效率，使人力资源管理供应链更加合理，从而为企业创造更高的价值。供应链管理强调企业应专注于核心业务，建立核心竞争力，在供应链上明确定位，将非核心业务外包，这是企业选择物流业务外包的理论基础。由于物流业务自身的复杂性以及物流要达到的几个具体作业目标的难度比较大，一般的工商企业要在物流领域建立自己的核心优势比较困难，因此将物流业务外包给专业的物流公司来运作符合供应链管理的思想。企业将物流业务外包给专业物流公司可以带来专业化优势，有效地提高企业的物流服务水平，降低物流成本，缩短产品完成时间，使生产尽量贴近实

时需求，实现供应链管理的主要目标。供应链管理对物流业务外包提供了理论上的强大支持，对企业选择物流业务外包具有十分重要的理论指导作用。同时，在供应链管理环境下，对物流的运作有着特殊的要求，这也是促使企业选择物流业务外包的一个重要原因。

供应链管理是一种基于"竞争－合作－协调"机制的、以分布企业集成和分布作业协调为保证的新的企业运作模式。它通过供应链管理的合作机制（Cooperation Mechanism）、决策机制（Decision Mechanism）、激励机制（Encourage Mechanism）和自律机制（Benchmarking）等来最大限度地发挥出供应链整体的力量，达到供应链企业群体获益的目的。

供应链管理注重的是企业核心竞争力，强调根据企业的自身特点，专门从事某一领域、某一专门业务，在某一点形成自己的核心竞争力，这必然要求企业将其他非核心竞争力业务外包给其他企业，即所谓的业务外包。根据供应链管理理念，人力资源管理外包将渗透到企业内部的所有人事业务，包括人力资源规划、制度设计与创新、流程整合、员工满意度调查、薪资调查及方案设计、培训工作、劳动仲裁、员工关系、企业文化设计等方方面面。因此，实施外包的企业和外包服务商之间是一个开放的复杂系统。系统成员之间的相互关系具有较大的复杂性，其相互活动过程中必然存在隐患。

传统纵向一体化模式已经不能适应目前技术更新快、投资成本高、竞争全球化的市场环境。现代企业应更注重于高价值生产模式，更强调速度、专门知识、灵活性和革新。与传统的纵向一体化控制和完成所有业务的做法相比，实行业务外包的企业更强调将企业资源集中于经过仔细挑选的少数具有竞争力的核心业务，也就是集中在那些使它们真正区别于竞争对手的技能和知识上，而把其他一些虽然重要但不是核心业务的职能外包给世界范围内的专业企业，并与这些企业保持紧密合作的关系，从而使自己企业的整个运作提高到世界级水平，而所需要的费用则与目前的开支相等甚至有所减少，并且还可以省去一些巨额投资。更重要的是，实行业务外包的公司出现财务麻烦的可能性仅为没有实行业务外包的1/3。把多家

公司的优秀人才集中起来为我所用的理念正是业务外包的核心，其结果是使现代商业机构发生了根本的变化。企业内向配置的核心业务与外向配置的业务紧密相连，形成一个关系网络（即供应链）。企业运作与管理也从控制导向转为关系导向。

在供应链管理环境下，企业成功与否不再由纵向一体化程度的高低来衡量，而是由企业积聚和使用的知识为产品或服务增值的程度来衡量。企业在集中资源于自身核心业务的同时，通过利用其他企业的资源来弥补自身的不足，从而变得更具竞争优势。

业务外包推崇的理念是，如果在供应链上的某一环节我们不是世界上最好的，又不是核心的竞争优势，这种活动不至于与客户分开，那么就可以把它外包给世界上最好的专业公司去做。也就是说，首先确定企业的核心竞争力，并把企业内部的智能和资源集中在那些有核心竞争优势的活动上，然后将剩余的其他企业活动外包给最好的专业公司。供应链环境下的资源配置决策是一个增值的决策过程，如果企业能以更低的成本获得比自制更高价值的资源，那么企业应选择业务外包。促使企业实施业务外包的原因包括：①分担风险。企业可以通过外向资源配置分散由政府、经济、市场、财务等因素产生的风险。企业本身的资源、能力是有限的，通过资源外向配置，与外部的合作伙伴分担风险，企业可以变得更有柔性，更能适应变化的外部环境。②加速重构。优势的形式企业重构需要花费企业很多的时间，并且获得效益也要很长的时间，而业务外包是企业重构的重要策略，可以帮助企业很快解决业务方面的重构问题。③企业难以管理或失控的辅助业务职能。企业可以将在内部运行效率不高的业务职能外包，但是这种方法并不能彻底解决企业的问题，相反这些业务职能可能在企业外部变得更加难以控制。在这种时候，企业必须花时间去找到问题的症结所在。④使用企业不拥有的资源。如果企业没有有效完成业务所需的资源（包括所需现金、技术、设备），而且不能盈利时，企业也会将业务外包。这是企业临时外包的原因之一，但是企业必须同时进行成本/利润分析，确认在长期情况下这种外包是否有利，由此决定是否应该采取外包策略。

⑤降低和控制成本，节约资本资金。许多外部资源配置服务提供者都拥有比本企业更有效、更便宜的完成业务的技术和知识，因而他们可以实现规模效益，并且愿意通过这种方式获利。企业可以通过外向资源配置，避免在设备、技术、研究开发上的大额投资。

3）基于博弈理论的人力资源管理外包决策理论

博弈论（Game Theory），又译作对策论、游戏论。它是一门研究相互影响着的局中人进行策略选择时的行为规律的科学。它所研究的是这样一种情景：①存在若干局中人（即博弈的参与者）；②每个局中人有一系列可选择的策略（行动方案）；③博弈结果取决于局中人策略的组合，每个局中人对每一种结果都有其偏好；④局中人了解博弈局势预设的信息，既知道别人的偏好，也知道别人了解自己的偏好。这一假设意味着博弈具备完全信息。该假设可以为其他信息结构所取代，以描述不完全信息的情况。

博弈论是研究决策主体行为发生直接相互作用使得决策以及这种决策的均衡问题的一门学科。博弈论依当事人是否达成具有约束力的协议分为合作博弈与非合作博弈。合作博弈强调团体理性、效率、公平，非合作博弈强调个人理性、个人最优决策，目前管理学对非合作博弈研究得多一些。博弈论的基本概念包括局中人、战略、支付、行动、信息、结果和均衡。其中，局中人、战略、支付是描述一个博弈所需要的最少要素，行动、信息将三要素联系在一起，局中人、行动和结果统称为博弈规则，博弈分析的目的就是使用博弈规则预测均衡。而博弈按局中人行动的先后顺序可以划分为静态博弈与动态博弈；按局中人对其他局中人的特征，战略空间以及支付函数的知识可以划分为完全信息博弈和不完全信息博弈。将上述两个角度的划分结合起来，我们就得到了人力资源管理外包过程的实质是一种博弈过程，它包括两个局中人：企业和外包商。由于信息的不对称，企业和人力资源管理外包商都从各自的利益出发选择策略，以期使自己的利益最大化。企业为了使人力资源管理外包商的行为更好地为自己的目标服务，可以采取有效的监督和激励措施。

　　如表2-2所示，建立一个企业和人力资源管理外包商的行为策略的支付矩阵，这个模型包括参与人、策略和参与人在不同策略下的支付。现在假定博弈的双方都是理性的，那么此时他们会根据对方的策略来选择使得自己收益最大的策略。所以，当企业选择监督的时候，人力资源管理外包商肯定会选择不违规，因为只有这样才能保证自己不被处罚；而当企业选择不监督的时候，人力资源管理外包商肯定会选择违规，因为此时收益较大。企业必须对外包商进行监督，一个非常重要的原因在于企业和外包商双方的信息不对称，外包商了解的信息往往比企业要多。所以，为了避免"道德风险"以及"逆向选择"，尽可能地降低这种信息的不对称性，企业必须对外包商进行监督。可是监督是要花费成本的，所以，企业可以通过提高处罚的力度来降低监管的频度，从而降低监督的成本。可见，一套合理、科学的监督机制的建立是解决委托代理问题的途径之一。

表2-2　人力资源管理外包博弈模型

客户 企业	监督	不监督
违规	ka，-ka	0，0
不违规	-aa	0，0

　　外包商了解自己是否胜任承担企业的外包业务，或者是在作假；企业了解自己是否应采取与外包商合作的态度。但是，企业和外包商只确切知道自身所属的类型，而不了解对方是什么类型。这样就可以将企业与外包商的合作概括为以下几种情况：

　　（1）如果企业选择了适合自己的外包商，那么双方都将获得利润r，花费成本c。

　　（2）如果企业选择了不适合的外包商，那么企业将受到损失n，外包商将受到损失m。

　　（3）如果企业不与适合自身的外包商合作，那么企业将受到损失m，外包商将受到损失n。

（4）如果企业不与不适合自身的外包商合作，那么企业和外包商都将受到损失 m。

（5）如果企业在外包商作假的情况下采取合作的策略，那么企业将受到损失 n+a，外包商将获利 a-m。

（6）如果采取不合作的策略举报或者控告外包商，那么企业受到的损失降低到 m-b，外包商将受到损失 m+b。其中，有 a、b、r、c、m、n>0，n>m，r>c。r 表示通过合作企业因经营效率提高而提升的营业额以及节约的经营成本。c 表示在合作中为达到有效合作的状态而沟通信息、消除摩擦所付出的成本。m 表示没有达成合作时，采取非合作策略的局中人所付出的较小成本。n 表示没有达成合作时，采取合作策略的局中人所付出的较大成本。a 表示外包商作假时，它能从企业获取的额外收入。b 表示企业通过诉诸法律等强制手段从作假的外包商得到的经济补偿。根据以上的分析，可以建立如表 2-3 的博弈模型。

表 2-3　人力资源管理外包博弈模型

外包商 企业	适合企业		不适合企业		造假	
与外包商合作	r-c，	r-c	-n，	-m	-n-a，	-m+a
不与外包商合作	-m，	--n	-m，	-m	-m+b，	-m-b

2.2.3　人力资源管理外包风险管理理论

1）基于系统工程思想的人力资源管理外包风险理论

系统工程思想是我国科学家钱学森提出的，他提出了开放的复杂巨系统的同时，又提出了系统论。系统工程思想首先要着眼于系统整体，同时也要重视系统组成部分，并把整体和组成部分辩证统一起来，最终是从整体上研究和解决问题。整体论和还原论都有各自的长处，但也有各自的不足。在认识和改造客观世界的过程中，要用整体论，但仅靠整体论还不行，还要用还原论，但仅靠还原论也不行。系统论则把两者的优势综合集

成起来，弥补了各自的不足，既超越了还原论，又发展了整体论，这正是系统论的优势所在。

系统总是存在于一定的环境之中，受环境的影响和支配，反过来又作用于环境，并在环境中实现自己的功能和价值。反过来，系统一旦不适应环境，将导致系统解体、消亡。为了使系统能够持续成功，系统应不断适应环境的变化，并针对变化而采取有效的应对措施。人力资源管理外包系统也不例外，从系统与外界的关系看，与系统对应的是系统的环境。企业人力资源管理系统并不是孤立的封闭系统，它需要不断地与外界进行物质、能量和信息的交换，也就是需要不断地引进人才、吸收先进的人力资源管理经验和技术，来抵消人力资源管理系统内部无序度的增加和管理效率的递减，形成耗散结构，实现有序发展。

因此，可以从系统的外部环境和系统内部两个方面分析人力资源管理外包的主要风险因素。一方面，人力资源管理外包与其他许多事物一样存在于一定的社会和自然环境中，肯定会受到自然环境因素、经济环境因素以及政治法律环境因素等共有因素的影响。这些都属于外部环境因素。另一方面，人力资源管理外包还有其特殊的系统内部特征，这些特征决定了人力资源管理外包管理特定的风险影响。系统内部包含着多个子系统，子系统的因素以及子系统之间的关系决定了整个系统的特征。人力资源管理外包包含企业、外包商、企业服务对象等几个子系统，这些系统之间存在着许多信息流及管理活动，这都属于人力资源管理外包的系统内部特征。

比如从耗散结构理论角度来讲，人力资源管理系统是企业管理系统一个重要的开放子系统。企业通过实施人力资源管理外包从外界引入熵流，熵流可正可负。如果引入的熵流为负，企业的人力资源管理系统就可以形成耗散结构，最终实现企业人力资源系统乃至企业管理系统更加有序的发展。如果企业从外界引入的熵流为正，企业就很可能走向衰亡，而熵流为正的原因之一就是企业忽视了人力资源管理外包的风险管理。

2）基于非对称信息理论的人力资源管理外包风险管理理论

信息经济学中的非对称信息理论告诉我们：所有市场上的交易都存在

着不同程度的信息不对称现象，传统经济学理论中建立在信息完全假设基础上的交易，在现实市场中几乎是不存在的。信息不对称必然伴随一定的风险，也就是说，如果处理不好人力资源管理外包中因信息不对称而产生的风险，组织就很难得到外包预期的效果。

非对称信息理论是指在经济活动中，由于代理人（承包商）拥有委托人（外包组织）所不拥有的信息，由此造成的不对称信息下交易关系和契约安排的经济理论。在信息经济学中，习惯把商品分为搜寻商品和经验商品。人力资源管理外包活动中，承包商所提供的人力资源服务就是一种经验商品，这种产品需要使用一段时间后才能辨别和了解其特性。也就是说，组织只有在与承包商进行外包项目开发合作和交往的过程中才能了解承包商真实的能力、信用和履约行为。因此，在外包中，组织与承包商之间存在着信息不对称现象。

根据非对称信息理论，我们可以对不对称信息进行以下分类：从不对称信息的内容看，分为隐藏信息（知识）的信息不对称和隐藏行为的信息不对称；从不对称信息产生的时间来看，分为发生在签约前的事前信息不对称和签约后的事后信息不对称。在人力资源管理外包中，事前信息不对称主要是隐藏信息的信息不对称，具体表现为在签约之前，外包商对自身的专长能力、诚信程度、经营业绩、社会声誉、发展状况等有充分的了解，而企业则很难全面了解。事后信息不对称表现在隐藏信息的信息不对称和隐藏行为的信息不对称，事后隐藏信息的信息不对称具体表现在签约之后外包商隐瞒信息，如外包商有更新的研究成果可以且根据协议应该用于企业的外包项目中，外包商知道这些成果而企业不知道，外包商为节约成本或减少麻烦而未将最新成果应用于外包项目中；事后隐藏行为的信息不对称具体表现在签约之后外包商的隐藏行为，如在外包项目实施过程中，外包商思想放松草草了事或工作不努力拖延工期等。

在信息经济学中，由非对称信息带来的风险可分为两类：逆向选择风险和道德风险。人力资源管理外包中的不对称信息将不可避免地为企业带来这两种风险。逆向选择风险是指在签订契约之前，由于信息不对称，外

包商可能会故意隐藏信息，以求在交易中获取最大收益，从而给企业带来的风险。道德风险是指在达成契约之后，由于企业无法观察到外包商的某些行为或没有观察到外包商已经感知到的环境的变化，外包商可以在有契约保障的条件下隐藏某些信息而采取不利于企业的一些行动，从而给企业带来风险。

（1）逆向选择风险。人力资源管理外包中的逆向选择主要表现为企业选择了存在信誉欠佳、专业能力不强、管理能力不强、经济实力不强等全部或部分缺陷的外包商。而外包商的这些缺陷都会给企业带来相应的风险。

一是外包商信誉欠佳导致的风险。人力资源管理外包项目涉及企业关于人力资源管理的商业秘密，如薪酬水平、重要人力资源信息等内容，外包商的良好商业信誉可以保证其为企业保守商业秘密。如果外包商的信誉欠佳，则可能出现外包商为了获得商业利益而出卖企业的现象，这将会严重影响企业的竞争力。

二是外包商专业能力不强导致的风险。外包商强大的专业能力是保证人力资源管理外包项目按时保质完成的关键。如果外包商的专业能力不强，则可能会出现外包项目无法进行、半途而废的状况，从而浪费企业的时间、金钱和精力。

三是外包商管理能力不强导致的风险。在项目外包的过程中，外包商要对项目的流程、资金、人员、进度、质量等进行科学而有效的管理。如果外包商管理能力不强，则可能影响外包项目的进度，增加外包项目的成本，或者导致项目失败，对企业的人力资源管理体系建设带来不良的影响。

四是外包商经济实力不强导致的风险。在人力资源管理外包中，企业一般在项目开始只支付部分经费给外包商，这就要求外包商在项目实施的过程中垫付大部分资金，如果外包商没有足够的经济实力作为后盾，就无法聘用专业能力较强的工作人员，从而使项目质量下降或无法保证项目的正常运作。

（2）道德风险。道德风险一般发生在人力资源管理外包后，外包商可能利用企业对其成本和经营信息的不了解而出现故意抬高外包费用、不使用其最优秀的员工或最新知识、忽视企业的具体状况等违反道德的隐藏信息的现象和放松管理、不尽心尽力、刻意破产等违反道德的隐藏行为的现象。这些将会给企业带来极大的风险。

一是隐藏信息导致的风险，包括：①误导成本信息导致的风险。企业选定外包商后，在双方商定价格的时候，外包商为了增加利润可能会利用信息的不对称来隐藏或故意误导成本信息，从而抬高外包价格。这会导致企业承受自己本不该承受的成本。②不使用其最优秀员工和最新知识带来的风险。外包商人力资源管理的专业化程度要高于企业，所以外包商即使不使用其最优秀的员工或最新的知识也可以给企业提供较为满意的方案。为了减少成本、增加利润，外包商有可能不使用其最优秀的员工或最新的知识，这将使外包项目的效果大打折扣，使企业蒙受损失。③忽视企业的具体状况导致的风险。由于员工素质、企业文化等不同因素的影响，每个组织都有其不同的状况，全面了解这些不同的状况对外包商来说是比较复杂的，且对外包项目的实施是非常重要的。但是外包商为了降低成本、减少工作量，可能会故意忽略掉文化、人员素质等因素，而套用其他企业的模型和结果，这会降低外包项目的适应性，从而可能导致项目失败。

二是隐藏行为导致的风险，包括：①放松管理导致的风险。外包商在项目实施的过程中可能故意放松对外包项目的管理以拖长工作时间，要求企业支付更多的劳动报酬。这样不但延误外包项目的进度，还增加了外包项目的成本。②不尽心尽力工作带来的风险。人力资源管理外包项目大部分是创造性劳动，很难准确地估计所需要的劳动时间，外包商可能会利用这一特征而不努力工作，或在外包过程中插入其他项目，延长开发时间。这会导致外包项目成本增加。③刻意破产导致的风险。有的外包商在签订了外包合同并得到了项目的大部分资金后，可能故意宣告公司破产而使外包合同中断，让企业蒙受巨大的经济损失。

2.3　本章小结

　　本章首先分析了人力资源管理的研究现状，将有关外包的研究理论归结为五个主要的领域，包括组织发展、绩效评价、决策、合同管理和关系建立。从战略管理视角和经济视角对传统的外包理论进行了归类介绍。之后讨论了目前人力资源管理外包的新的发展理论，包括基于非对称信息理论的人力资源管理外包风险管理、基于不完全契约理论的人力资源管理外包管理决策、基于供应链管理的人力资源管理外包管理决策以及基于系统工程理论的人力资源管理外包风险管理等。

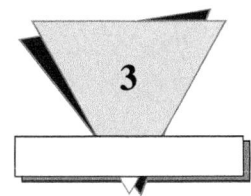

3

基于道德风险的人力资源管理外包决策研究

在人力资源管理外包中，由于信息的不对称，企业很难对外包商的背景、资质有准确的了解，而外包商的真实水平往往在交易过程中才能被准确评估。由于信息不对称，外包商非常有可能向企业提供不完全或虚假的信息，从而导致逆向选择与道德风险。

逆向选择主要表现在企业选择了存在信誉欠佳、专业能力和管理能力不强、资金不足等问题的外包商。在人力资源管理外包过程中，企业和外包商对信息的了解是有差异的，外包商掌握的信息比较充分，往往处于比较有利的地位，而企业掌握的信息不够充分，则处于比较不利的地位。外包商可能会利用信息的不对称而出现违反道德的行为（又称道德风险），即有意隐瞒自己的实际情况使企业无法了解到其是否在利用自己自有信息更好地满足企业的要求，从而使企业可能因信息缺乏而利益受损。

道德风险主要表现在：企业与外包商签约后，由于缺乏严格的监控措施，外包商可能不完全兑现原先的承诺，降低服务质量，以获得更多的利益。具体表现为：外包商为了增加利润可能会利用信息的不对称来隐瞒或故意误导成本信息，从而抬高成本价格；外包商为了降低成本，可能不使用其最优秀员工或最新知识，从而降低外包效果；外包商故意放松对项目的管理以拖长工作时间，要求企业支付更多的劳动报酬；有些外包商在签订了服务合同并得到了大部分资金后，可能故意宣告公司破产而使外包合同中断，使企业利益受损。

企业进行人力资源管理外包决策时，可以选择自行进行人力资源管理，也可以选择将人力资源管理外包给外包商。相较于企业，外包商拥有更加低廉的人力资源管理成本。根据企业的上述两种选择，可以建立内部人力资源管理模型和人力资源管理外包模型，并探讨企业选择人力资源管理外包的最佳机会。为了消除人力资源管理外包时的道德风险问题，企业使用收益分享合同进行激励，可以得到完全消除道德风险的效果，并通过进一步分析得出人力资源管理外包时可使人力资源管理总利润增大的结论。

3.1 基于道德风险的人力资源管理外包模型构建

3.1.1 基本模型

假设企业可以选择成立人力资源部进行人力资源管理，也可以将人力资源管理外包给专业从事人力资源管理的外包商。如果企业选择成立人力资源部，那么企业进行人力资源管理的成本为

$$C_m = \frac{1}{2}k_m e_m^2$$

其中，k_m 为企业人力资源管理的成本系数；e_m 为企业进行人力资源管理所付出的努力水平，这一努力水平是企业可以控制的；C_m 是 k_m 的二次函数，体现了努力成本随着努力水平增加而快速增长的状态。企业通过人力资源管理提高了企业工作效率，工作效率的提升可以表现为成本降低或者收入提高。这里，我们将人力资源管理的收益统一表示为

$$S_i = \alpha + \beta e_i, \qquad i = m, w$$

其中，α 和 β 为参数，企业收益与企业努力水平呈线性关系；S_i 表示内部管理和外包两种情况下人力资源管理的产出。

如果企业将人力资源管理外包给专业外包商，类似地，外包商的努力成本为

$$C_w = \frac{1}{2}k_w e_w^2$$

其中，k_w 为外包商人力资源管理的成本系数，由于外包商拥有更加专业的人力资源管理能力，因此，$k_w < k_m$；e_w 为外包商的努力水平，企业无法观测外包商的努力水平，而只能观测到外包商进行人力资源管理的结果。

为了激励外包商付出足够的努力，本章采用收益分配合同来约束外包商。收益分配合同可以表示为

$$M = \gamma S_w$$

其中，γ 为收益分配系数，$0 < \gamma < 1$。

企业可以通过控制收益分配系数来激励外包商更加努力。

3.1.2 内部人力资源管理模型

企业自行进行人力资源管理时，企业可以控制人力资源管理所付出的努力 e_m，这时企业的目标是最大化企业利润 $\pi_0 = S_m - C_m$，即

$$\max_{e_m} \pi_0 = S_m - C_m = \alpha + \beta e_m - \frac{1}{2} k_m e_m^2$$

定理 1：企业自行进行人力资源管理时，其最优努力水平为 $e_m = \dfrac{\beta}{k_m}$，企业最大利润为 $\pi_0 = \alpha + \dfrac{\beta^2}{2k_m}$。

证明：对目标函数求导可得

$$\frac{\mathrm{d}\pi_0}{\mathrm{d}e_m} = \beta - k_m e_m$$

$$\frac{\mathrm{d}^2 \pi_0}{\mathrm{d}e_m^2} = -k_m < 0$$

因此，目标函数是凸函数，存在极大值。由一阶条件可得极值点为 $e_m^* = \dfrac{\beta}{k_m}$，对应的极大值为 $\pi_0^* = \alpha + \dfrac{\beta^2}{2k_m}$。

3.1.3 人力资源管理外包模型

若企业将人力资源管理外包给专业外包商，那么企业的利润为

$$\pi_1 = S_w - M = (1 - \gamma)(\alpha + \beta e_w)$$

外包商的利润为

$$\pi_2 = M - C_w = \gamma(\alpha + \beta e_w) - \frac{1}{2} k_w e_w^2$$

此时，企业先向外包商提供合同，外包商根据企业提供的合同选择最优努力水平。因此，企业可以通过提供适当的合同来激励外包商付出最佳的努力。由于企业无法观测到外包商的真实努力水平，因此企业只有通过适当的激励手段来约束外包商付出恰当的努力，即满足激励相容约束

$$\gamma(\alpha + \beta e_w^*) - \frac{1}{2}k_w e_w^{*2} \geq \gamma(\alpha + \beta e_w) - \frac{1}{2}k_w e_w^2$$

上式表示在企业所提供的合同下，外包商只有选择企业认为的最佳努力水平 e_w^* 时，才能获得最大利润。

此外，企业提供的合同应使得外包商能够获得合理的利润，即外包商在该合同下利润应不小于外包商所能接受的最低利润水平，假设为 0。据此，可得到参与约束

$$\gamma(\alpha + \beta e_w^*) - \frac{1}{2}k_w e_w^{*2} \geq 0$$

问题可以表示成

$$\begin{cases} \max_\gamma \pi_1 = (1 - \gamma)(\alpha + \beta e_w) \\ \text{s. t. } \gamma(\alpha + \beta e_w^*) - \frac{1}{2}k_w e_w^{*2} \geq \gamma(\alpha + \beta e_w) - \frac{1}{2}k_w e_w^2 \quad (IC) \\ \gamma(\alpha + \beta e_w^*) - \frac{1}{2}k_w e_w^{*2} \geq 0 \quad (IR) \end{cases}$$

为了求解上述模型，我们先给出以下命题。

命题 1：激励相容约束等价于 $e_w^* = \dfrac{\gamma\beta}{k_w}$。

证明：令 $L(e_w) = \gamma(\alpha + \beta e_w) - \frac{1}{2}k_w e_w^2$ 表示外包商选择努力水平 e_w 时的收益，要使外包商选择最佳努力水平 e_w^* 就意味着 $L(e_w)$ 在 $e_w = e_w^*$ 处取得最大值，即 $L(e_w)$ 满足一阶条件 $\dfrac{\partial L(e_w)}{\partial e_w}\bigg|_{e_w = e_w^*} = 0$ 和二阶条件 $\dfrac{\partial^2 L(e_w)}{\partial e_w^2}\bigg|_{e_w = e_w^*} < 0$。

于是，激励相容约束等价于 $\gamma\beta - k_w e_w^* = 0$ 和 $-k_w < 0$。二阶条件显然是满足的，因此激励相容约束可化简为 $e_w^* = \dfrac{\gamma\beta}{k_w}$，证毕。

命题 1 本质上就是外包商决策的过程，外包商在企业提供的合同，亦即企业提供的收益分配系数 γ 下，决策其最佳努力水平 e_w^*。因此，企业可根据需要通过调节 γ 来控制外包商的努力水平。

接下来，我们将外包商在不同合同下对应的最优努力水平带回企业的利润函数中，以求得能够使企业利润最大的合同参数。定理2给出了这一结果。

定理2：在人力资源管理外包模型中，企业应选择合同参数 $\gamma^* = \dfrac{\beta^2 - \alpha k_w}{2\beta^2}$，使其自身利润达到最大，企业利润最大值为 $\pi_1^* = \dfrac{(\beta^2 + \alpha k_w)^2}{4 k_w \beta^2}$

外包商利润最大值为 $\pi_2^* = \dfrac{(\beta^2 + 3\alpha k_w)(\beta^2 - \alpha k_w)}{8 k_w \beta^2}$，人力资源管理所带来的总利润为 $\pi^* = \dfrac{3\beta^4 + 6\alpha k_w \beta^2 - \alpha^2 k_w^2}{8 k_w \beta^2}$。

证明：将外包商对企业给出的合同所决策的最优努力水平 $e_w^* = \dfrac{\gamma \beta}{k_w}$ 代入企业的利润函数中，可得

$$\pi_1(\gamma) = (1 - \gamma)\left(\alpha + \frac{\gamma \beta^2}{k_w}\right)$$

对上式求导可得

$$\frac{\mathrm{d}\pi_1}{\mathrm{d}\gamma} = \frac{\beta^2}{k_w}(1 - 2\gamma) - \alpha$$

$$\frac{\mathrm{d}^2\pi_1}{\mathrm{d}\gamma^2} = -\frac{2\beta^2}{k_w} < 0$$

因此，企业的利润函数是关于 γ 的凹函数，存在极大值。极大值点 γ^* 满足一阶条件

$$\frac{\beta^2}{k_w}(1 - 2\gamma^*) - \alpha = 0$$

即

$$\gamma^* = \frac{\beta^2 - \alpha k_w}{2\beta^2}$$

相应地，这时企业的利润为

$$\pi_1^* = \frac{(\beta^2 + \alpha k_w)^2}{4 k_w \beta^2}$$

外包商的利润为

$$\pi_2^* = \frac{(\beta^2 + 3\alpha k_w)(\beta^2 - \alpha k_w)}{8k_w\beta^2} > 0$$

同时，外包商利润满足参与约束。

人力资源管理所带来的总利润为

$$\pi^* = \pi_1^* + \pi_2^* = \frac{3\beta^4 + 6\alpha k_w\beta^2 - \alpha^2 k_w^2}{8k_w\beta^2}$$

证毕。

3.2 结果分析

3.2.1 外包的最佳时机

企业选择人力资源管理外包或自行管理的依据，主要是在何种情况下企业的利润较大。

定理3：当企业与外包商的能力参数满足 $k_m \geqslant \dfrac{2k_w\beta^4}{(\beta^2 - \alpha k_w)^2}$ 时，企业应选择将人力资源管理外包给专业公司。

证明：企业应在外包利润大于内部管理利润时选择外包，即

$$\pi_1^* - \pi_0^* \geqslant 0$$

将前面所求企业利润最优值代入上式，可得

$$\frac{k_m(\beta^2 - \alpha k_w)^2 - 2k_w\beta^4}{4k_m k_w\beta^2} \geqslant 0$$

上式分母显然大于0，因此，只需让分子不小于0即可，化简得到

$$k_m \geqslant \frac{2k_w\beta^4}{(\beta^2 - \alpha k_w)^2}$$

证毕。

定理3说明了企业进行人力资源管理外包决策的标准是将自身努力成本系数 k_m 与决策临界值 $\dfrac{2k_w\beta^4}{(\beta^2 - \alpha k_w)^2}$ 进行比较。若 $k_m \geqslant \dfrac{2k_w\beta^4}{(\beta^2 - \alpha k_w)^2}$ 则说

明企业的努力成本过高，应将人力资源管理外包给成本足够低的专业公司；如果 $k_m < \dfrac{2k_w\beta^4}{(\beta^2 - \alpha k_w)^2}$ 则说明虽然企业的努力成本较高，但是将人力资源管理外包给专业公司所带来的成本节约并不能使企业利润增加，其原因在于支付给外包商报酬的增加量超过了企业成本的节约量。根据上面的结果，我们可以得出下面的推论。

推论 1：外包商的成本优势越大，企业越可能将人力资源管理进行外包；企业在决定外包后，会将人力资源管理外包给成本优势最大的外包商。

证明：外包商的成本优势越大，即 k_w 越小时，临界值 $\dfrac{2k_w\beta^4}{(\beta^2 - \alpha k_w)^2}$ 的分母会越小，而分子会越大，使得临界值会增大。此时，成本系数小于临界值的企业会变多，使得更多的企业选择进行人力资源管理外包。

对于选择进行人力资源管理外包的企业，其利润的增加量为 $\dfrac{k_m(\beta^2 - \alpha k_w)^2 - 2k_w\beta^4}{4k_m k_w\beta^2}$。显然，对于成本优势越大，即 k_w 越小的外包商，利润增加量的分子会越大，分母会越小，使得利润增加量变大。企业为追求因外包而获得的更大利润，必然会选择 k_w 最小，即成本优势最大的外包商。

证毕。

3.2.2 合同激励效果分析

定理 4：当企业努力成本系数满足 $k_m > \dfrac{4k_w\beta^4}{(3\beta^2 + \alpha k_w)(\beta^2 - \alpha k_w)}$ 时，人力资源管理外包所带来的总利润大于内部人力资源管理的总利润。

证明：根据前面的分析，人力资源管理外包所带来的利润增加总量为

$$\pi^* - \pi_0^* = \frac{k_m(3\beta^2 + \alpha k_w)(\beta^2 - \alpha k_w) - 4k_w\beta^4}{8k_m k_w\beta^2}$$

令上式大于 0 可得

$$k_m > \frac{4k_w\beta^4}{(3\beta^2 + \alpha k_w)(\beta^2 - \alpha k_w)}$$

证毕。

人力资源管理本身是为了提高社会经济管理效率而进行的一项管理活动，其目的是提升社会总工作效率。当不存在外包专业公司时，企业进行内部人力资源管理所能带来的利润是一定的，我们可以此作为基准，比较外包情况下人力资源管理总利润是否增加，即超过企业内部人力资源管理所带来的利润。

将定理 1 和定理 4 综合考虑，会发现如果企业理性决策选择将人力资源管理进行外包，则一定会提高人力资源管理带来的总效益。

定理 5：如果企业的最优决策是将人力资源管理进行外包，那么人力资源管理带来的总利润一定比企业内部人力资源管理高。

证明：首先将企业选择人力资源管理外包的临界值与人力资源管理外包会提高人力资源管理总利润的临界值进行比较。

$$\frac{2k_w\beta^4}{(\beta^2 - \alpha k_w)^2} - \frac{4k_w\beta^4}{(3\beta^2 + \alpha k_w)(\beta^2 - \alpha k_w)} = \frac{2k_w\beta^4(\beta^2 + 3\alpha k_w)}{(3\beta^2 + \alpha k_w)(\beta^2 - \alpha k_w)^2} > 0$$

很显然，上式大于 0 恒成立，因此

$$\frac{2k_w\beta^4}{(\beta^2 - \alpha k_w)^2} > \frac{4k_w\beta^4}{(3\beta^2 + \alpha k_w)(\beta^2 - \alpha k_w)}$$

如果一个企业选择外包，则有

$$k_m \geqslant \frac{2k_w\beta^4}{(\beta^2 - \alpha k_w)^2} > \frac{4k_w\beta^4}{(3\beta^2 + \alpha k_w)(\beta^2 - \alpha k_w)}$$

满足人力资源管理外包带来的总利润大于内部人力资源管理总利润的条件。

证毕。

从上面的分析可以看出，收益分享合同可以使企业在选择人力资源管理外包的时候，提高自身利润和人力资源管理所带来的总利润。下面，我们来分析收益分享合同能否激励外包商付出足够的努力。

定理 6：在人力资源管理外包的情况下，最优合同可以使得人力资源管理外包时外包商所付出的努力水平总是大于内部人力资源管理时企业所付出的努力水平。

证明：人力资源管理外包时外包商的努力水平为

$$e_w^* = \frac{\gamma^* \beta}{k_w} = \frac{\beta^2 - \alpha k_w}{2\beta^2}$$

与内部人力资源管理时企业的努力水平 e_m^* 相减可得

$$e_w^* - e_m^* = \frac{\beta^2 - \alpha k_w}{2\beta k_w} - \frac{\beta}{k_m} = \frac{(\beta^2 - \alpha k_w) k_m - 2k_w \beta^2}{2\beta k_m k_w}$$

令上式大于 0，解得

$$k_m > \frac{2k_w \beta^2}{\beta^2 - \alpha k_w}$$

企业如果选择将人力资源管理进行外包，必有

$$k_m \geq \frac{2k_w \beta^4}{(\beta^2 - \alpha k_w)^2} = \frac{2k_w \beta^2}{\beta^2 - \alpha k_w} \frac{\beta^2}{\beta^2 - \alpha k_w} > \frac{2k_w \beta^2}{\beta^2 - \alpha k_w}$$

因此，当企业将人力资源管理外包时，企业的努力成本系数 k_m 必然满足使人力资源管理外包时外包商努力水平大于内部人力资源管理时企业努力水平的条件。

证毕。

从上面的分析可以看出，当企业努力成本系数 k_m 足够大，使得企业在人力资源管理外包的情况下获得的利润水平更高时，企业会选择将人力资源管理外包给专业公司。这时，企业通过设定最优的收益分享合同可以使得专业公司付出比企业内部进行人力资源管理时更高的努力水平，同时，人力资源管理所带来的总利润也会比企业内部进行人力资源管理时更高。

3.3   本章小结

本章研究了人力资源管理外包决策问题，给出了人力资源管理外包的

临界条件，并讨论了在人力资源管理外包情况下的道德风险问题和人力资源管理总体效率问题。最后，通过使用收益分享合同，企业能够有效消除人力资源管理中的道德风险问题，并提高人力资源管理的总体效率。

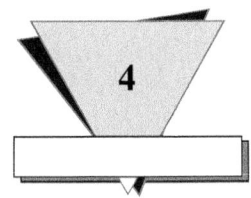

4

人力资源管理外包项目组合赋权 GRA 决策模型研究

　　不同企业选择人力资源管理外包的目的和动机可能各不相同，即便是同一企业，在选择不同的人力资源管理职能进行外包时，也可能存在不同的目的。人力资源管理外包的目标可以归纳为提升核心竞争力，降低成本，降低经营管理风险，弥补管理弱项，提高管理效率，提高专业化水平，实现最佳资源分配等几个方面。

　　在正式实行人力资源管理外包之前，企业需要根据目标进行外包项目的决策。人力资源管理可以看作一个包括多个管理项目的复杂系统，面对众多的人力资源管理项目，如何选择人力资源管理外包项目及其优先顺序，成为人力资源管理外包成功的关键。实施人力资源管理外包的战略，必须决定哪些人力资源活动应内部化，哪些人力资源活动应外包，这可用交易费用经济学和以资源为基础的观点分析。交易费用经济学认为，理想的管理模式取决于它对特定组织的独特性。就人力资源而言，独特性越高的人力资源活动就越应由组织内部规划。企业应把精力集中在对其核心竞争力有重大作用的业务上，而把其他业务外包。交易费用经济学强调的是资源的独特性，而以资源为基础的观点强调的是资源活动的价值。将独特性和价值两方面相结合，就能形成一个判断标准，以确定哪些人力资源管理活动需要外包。

　　人力资源管理功能的价值取决于它是否对组织提高效益和效率、开发市场、消除潜在的危机等具有战略作用，即是否能帮助企业提高核心竞争力。显然，应将那些高价值的人力资源活动内部化，而将那些低价值的活动外包。人力资源活动的独特性是指企业内部的独特性和外部的稀缺性。同样，企业应将那些独有性和稀缺性强的活动内部化，而一些通用和标准化的人力资源活动则应实施外包。

　　目前，定性方法为人力资源管理外包项目的决策提供了良好的理论依据和参考，但是对各人力资源管理项目外包的可能性、优先性等的决策仍缺乏较为精细的判断和分析。而现有定性方法虽然充分利用了专家的知识和经验，以及决策者的意向和偏好，在决定人力资源管理项目外包的优先顺序等方面具有较高的合理性，但其无法克服随意性较大的缺陷。因此，

本章在对人力资源管理外包项目定性分析的基础上，尝试利用组合赋权 GRA 模型，充分利用主观赋权法和客观赋权法的优势，对人力资源管理外包的项目进行决策分析。

4.1 组合赋权 GRA 模型

4.1.1 人力资源管理外包项目决策指标体系的构建

人力资源管理外包的根本目的是企业通过合同或协议的方式将部分或全部人力资源管理工作委托给外包商来完成，以有效地降低成本，提高工作效率，使企业专注于核心业务，从而提高竞争优势。因此，本研究从竞争优势、管理效率、经济成本、技术优势、风险控制等五个维度对人力资源管理外包项目进行评价和分析（如表 4-1 所示）。

表 4-1 人力资源管理外包项目决策指标体系

评价维度	指标内涵
竞争优势	缓解企业内部资源不足，整合外部优势资源，有利于组织战略实施，获得竞争优势
管理效率	提高人力资源管理工作效率，提高人力资源服务水平
经济成本	降低人力资源管理成本和运行成本
技术优势	获得人力资源管理最新技术，把握最新政策动态，降低运行成本和风险
风险控制	降低企业运行风险，确保企业信息安全

由于人力资源管理是一个非常复杂的系统，很难采集到非常合适的数据，因此，在人力资源管理外包项目评价指标体系中，我们选取的都是定性指标，每个指标都有比较明确的含义。各指标得分均采用专家打分法获取，打分的专家主要由企业的人力资源专家组成。为了保证每个指标都有可以比较的标准，我们确定了指标的得分标准（如表 4-2 所示），每个指

标的得分范围在 0 ~ 1 之间，并分为四个分值段。

表 4-2　人力资源管理外包商指标评分标准

级别	分值范围	评价标准
1	$0.8 < \theta \leqslant 1.0$	外包有明显的优势
2	$0.6 < \theta \leqslant 0.8$	外包有较大的竞争优势
3	$0.3 < \theta \leqslant 0.6$	外包有一定的优势，但不明显
4	$0 < \theta \leqslant 0.3$	外包没有优势，风险较大

4.1.2　组合权重的确定

进行综合评价前，首先要解决评价指标的赋权问题。赋权的方法比较多，可以分为主观赋权法和客观赋权法。主观赋权法包括综合指数法、德尔菲法、层次分析法（AHP）、环比法、模糊法等。客观赋权法包括主成分分析法、因子分析法、变异系数、复相关系数等。主观赋权法可以利用专家的知识和经验，以及决策者的意向和偏好，确定的指标权重具有较高的合理性，但其无法克服随意性较大的缺陷。客观赋权法充分挖掘了原始数据本身蕴含的信息，结果比较客观，但不能反映专家的知识和经验以及决策者的意见和偏好，有时得到的权重可能与实际情况不符，甚至相悖。由于两类方法各有优劣，因此，本研究尝试使用客观赋权法——熵权法和主观赋权法——AHP 相结合的组合赋权法来确定各指标权重。该方法中，既包含了层次分析法中理性判断的因素，又沿袭了熵值法定量客观的优势，从而在很大程度上避免了由单一的主观或客观赋权所产生的片面性，能够克服单一赋权法的不足。

熵的概念来源于热力学，经过多年的发展，已经在工程技术、社会科学领域得到广泛应用。熵权法的实质是根据各指标的观测值所提供的信息量的大小来确定权重的大小。由熵引申出来的熵权法是一种客观的赋权方法，它主要根据各指标提供的信息量来决定指标权重的大小，不同对象在同一指标上的数据幅度变化较大时，此指标的熵权也较大。在进行多指标

综合评价时，如果某个指标的信息熵值越小，就表明其指标值的变异程度越大，提供的信息量越大，在综合评价中所起的作用越大，则其权重也应该越大。反之，某指标的信息熵值越大，在综合评价中所起的作用越小，提供的信息量越小，在综合评价中所起的作用越小，则其权重也应越小。因此，可根据各个指标值的变异程度，利用熵值来确定各指标权重，使评价结果更具客观性。熵权的本质含义是对数据信息有用程度的一种度量，因为这里计算出来的熵值所表现出的含义是各个投资备选方案在某个指标上的差异程度，如各方案的某个指标差异程度越小（其表现是各方案的该指标的值趋于相同），那么该指标的熵值就越大，某个指标的各个方案的值趋于相同意味着决策者基于该指标对各方案的选择概率（或可能性）趋于相等，此时在决策者心里不确定性最大，最不易作出判断和选择。所以，熵值越大的指标，其提供的有用信息越少，越不利于决策者作出优劣性的判断和选择，故其熵权应该越小。越能提供有用信息的指标，越有利于决策者作出决策和判断，其熵权应该越大。正是由于每个指标所起的判断作用的大小不同，我们依此来确定各指标熵权值的大小。熵权具有如下性质：当各被评价对象在指标 J 上的值完全相同时，熵值达到最大值 1，熵权为 0。这也意味着该指标未向决策者提供任何有用信息，该指标可以考虑取消。当各被评价对象在指标 J 上的值相差较大时，熵值较小，熵权较大。这说明该指标向决策者提供了有用信息，同时还告诉我们：在该问题中，各对象在该指标上有明显差异，应重点考虑；指标的熵越大，其熵权越小，该指标越不重要。作为权数的熵权，具有特殊意义。它并不是在决策或评价问题中某指标的实际意义上的重要性系数，而是在给定评价对象集合后，各种评价指标值确定的情况下，各指标在竞争意义上的相对激烈程度的系数。从信息论的角度考虑，它代表该指标在该问题中，提供有用信息量的多寡程度；熵权的大小与被评价对象有直接关系。在评价对象确定后，再根据熵权对评价指标进行调整、增减，以便作出更精确、可靠的评价。同时也可以利用熵权对某些指标评价值的精度进行调整。而 AHP 则是一个算法比较成熟、被广泛应用的主观赋权法，因此，在此不再叙述

AHP 法计算权重的过程和算法，而是着重介绍熵权法的算法和计算过程。

（1）数据规范化处理。首先对得到的数据进行转化处理得到规范化后的指标数据矩阵

$$F' = (f'_{ij})_{m \times n}, 0 \leqslant f'_{ij} \leqslant 1$$

f'_{ij} 为第 i 个评价对象在第 j 项指标上的标准化指标值，是介于 $[0, 1]$ 内的正向指标数值。

（2）计算指标数据的熵值。计算在第 j 项指标下第 i 个评价对象的指标数值在所有样本指标数据综合中所占比重 $y_{ij} = f'_{ij} / \sum\limits_{i=1}^{m} f'_{ij}$，则第 j 项评价指标的熵值为 e_j，$e_j = -k \sum\limits_{i=1}^{m} y_{ij} \times \ln(y_{ij})$，其中 $0 \leqslant e_j \leqslant 1$，$k = 1/\ln(m)$ 且 $k > 0$，$i = 1, \cdots, m$；$j = 1, \cdots n$。

（3）根据熵值计算熵权系数。设第 j 项评价指标的熵权系数权重为 w_j，$w_j = g_j / \sum\limits_{i=1}^{n} g_i = (1 - e_j) / \left(n - \sum\limits_{i=1}^{n} e_i \right)$，$0 \leqslant w_j \leqslant 1$，$\sum\limits_{j=1}^{n} w_j = 1$；通过计算得到熵权系数向量为 $w = (w_1, w_2, \cdots, w_n)$。

（4）确定组合权重系数。利用 AHP 法得到的主观权重向量 $v = (v_1, v_2, \cdots, v_n)$ 和熵权法得到的熵权系数向量 $w = (w_1, w_2, \cdots, w_n)$，根据公式 $w'_j = \alpha v_j + (1 - \alpha) w_j$，得到综合考虑主客观因素的各项评价指标组合熵权系数 $w' = (w'_1, w'_2, \cdots, w'_n)$，其中权重平衡系数为 $\alpha(0 \leqslant \alpha \leqslant 1)$，可根据实际情况和评价需要来确定，一般可取 $\alpha = 0.5$。

4.1.3 灰色关联度 GRA 判别模型

灰色系统理论认为，由于事物的客观性和复杂性，描述被评价对象的各个指标就具有不确定性。灰色关联度分析（Grey Relation Analysis，GRA）的目的就是通过一定的方法解释各指标间的主要关系，使各因素间的"灰色"关系清晰化。按灰色关联度分析原则，关联度大的时间数列与参考数列最为接近，是影响参考数列指标最主要的因素，按关联度的大小就可以排出影响参考数列的比较数列的顺序。关联度分析是灰色系统分析

和处理随机量的一种方法，也是一种数据到数据的"映射"。灰色模型关联分析识别方法需要建立标准模式特征向量矩阵及实测信号的待检特征向量，通过研究待检特征向量与标准特征向量矩阵的关联程度来识别故障模式。应用灰色关联度对系统进行故障识别时，采用优势分析的思想，即将关联度序列从大到小排列，从而得出待检信号的状态模式划归为标准状态模式的可能性大小的次序。也就是说，当待检模式序列和某一标准状态模式序列关联度最大时，则可认为待检模式属于相应的标准模式，从而达到对故障模式的真正分类识别。灰色关联度分析是灰色系统理论的主要内容之一，主要依据序列曲线几何形状的相似程度来判断其联系是否紧密，曲线越接近，相应序列之间的关联度就越大，反之则越小。通过分析灰色系统中系统主行为因子与相关行为因子的关系密切程度，判断引起该系统发展变化的主要因素和次要因素。该方法是以关联度作为其关系密切程度及相互比较的相对标志，以分析系统中主行为序列曲线的几何相似程度来判断其联系是否紧密为基本思想，以关联度计算为基本手段的一种灰色系统分析方法。与数理统计方法（如主成分分析、因子分析）相比，对样本数量的多少和数据分布没有特殊要求，而且计算量少，易于实现。

采用组合权重系数 GRA 识别算法对人力资源管理外包项目进行评价，可较好地反映出人力资源管理各项目在外包中的优先顺序。评价的基本思路是：参照评价指标体系进行专家打分，得到相关评分数据，分别与评价指标体系中的四个等级的标准数值进行灰色关联分析和判别，得出与每个级别的灰色关联度，加权灰色关联度最大所对应的等级，即为该人力资源管理外包项目的级别。其基本原理就是利用灰色关联分析算法对两个灰色系统之间的相似性进行比较。具体算法如下：

（1）数据标准化。规范化后的指标数据矩阵为 $F' = (f'_{ij})_{m \times n}$，$0 \leqslant f'_{ij} \leqslant 1$。目标向量为 $F_{sj} = (f_{s1}, f_{s2}, \cdots, f_{sn})$，$f_{sj}(s = 1, 2, 3, 4; j = 1, 2, \cdots, n)$ 为第 s 级的指标模型中的第 j 项指标的标准值。

（2）计算差序列和极差。差序列为 $\kappa_{ij} = |f'_{ij} - f_{sj}|$，两极最小差为 $a = \min_i \min_j (\kappa_{ij})$，两极最大差为 $b = \max_i \max_j (\kappa_{ij})$。

（3）计算灰色关联系数。根据极差 ij 计算关联系数 $\gamma_{ij} = (a + \delta b) / (\kappa_{ij} + \delta b)$ ，γ_{ij} 为第 i 个评价对象在第 j 项指标上的指标数值 f'_{ij} 与目标指标向量 F_s 在第 j 项指标上的关联系数，由此可得关联系数矩阵为 $\gamma = (\gamma_{ij})_{m \times n}$ 。其中 δ 为分辨系数，用来削弱 $b = \max\limits_{i}\max\limits_{j}(\kappa_{ij})$ 过大而使关联系数失真的影响。引入这个系数是为了提高关联系数之间的差异显著性。δ 在 0～1 之间取值，一般可取 0.5。

（4）计算组合权重灰色关联度。关联系数 γ_{ij} 反映的是评价对象与目标向量在各指标上的关联情况，为了反映所有指标的综合关联程度，需根据各评价指标的重要程度对各关联系数进行加权求和，求得各方案与最优比较方案的关联度。关联系数矩阵为 $\gamma = (\gamma_{ij})_{m \times n}$ ，根据上文所述组合权重得到的评价指标权值向量为 $w' = (w'_1, w'_2, \cdots, w'_n)$ ，计算评价对象的指标向量相对于指标体系的第 s 级竞争优势指标向量的灰色关联度 $\theta_s = \gamma_{1 \times n} \times w'^{T}_{n \times 1}$ 。相对于四级标准的组合权重灰色关联度评价结果分别为 θ_1，θ_2，θ_3，θ_4，而 $\theta = \max(\theta_1, \theta_2, \theta_3, \theta_4)$ 所属的级别就为该人力资源管理外包项目的判定级别。

（5）根据各人力资源管理外包项目的判定级别对各人力资源管理外包项目进行排序。

4.2　模型结果及分析

我们邀请了 15 名企业人力资源管理专家对人力资源管理的规划、招聘、培训、考核、福利等项目，根据人力资源管理外包项目评价指标体系和评分标准进行评分，取各项目评分的均值作为该项目某一指标的得分，然后利用组合赋权 GRA 模型对各人力资源管理外包项目进行评价。

4.2.1　利用 AHP-熵权法组合赋权法确定指标体系的权重

首先，请企业专家对人力资源管理外包项目的评价指标体系进行 AHP 法赋权重，并运用 AHP 方法确定人力资源管理外包项目的指标体系主观

权重向量 $v = (v_1, v_2, \cdots, v_n)$。

然后，根据专家打分得到数据样本构建指标体系数据矩阵 $(f_{ij})_{15\times19}$，运用熵权法得到熵权系数向量 $w = (w_1, w_2, \cdots, w_n)$。

取 $\alpha = 0.5$，根据公式 $w'_j = \alpha v_j + (1 - \alpha) w_j$，得到综合考虑主客观因素的各项评价指标组合熵权系数 $w' = (w'_1, w'_2, \cdots, w'_n)$，结果见表4-3。

表4-3   人力资源管理外包项目决策指标权重

指标因素	AHP 指标权重	熵权法权重	综合权重
竞争优势	0.185 7	0.193 6	0.189 65
管理效率	0.316 3	0.334 5	0.325 4
经济成本	0.247 5	0.237 2	0.242 35
技术优势	0.165 4	0.136 6	0.151
风险控制	0.085 1	0.981	0.533 05

4.2.2   利用组合权重系数 GRA 识别算法对各人力资源管理外包项目进行评价和识别

首先，对专家打分得到的人力资源管理外包项目指标体系数据矩阵 $(f_{ij})_{15\times19}$ 进行规范化处理，得到 $F' = (f'_{ij})_{15\times19}$，$0 \leqslant f'_{ij} \leqslant 1$。目标向量为 $F_{sj} = (f_{1j}, f_{2j}, f_{3j}, f_{4j})$，$f_{sj}(s = 1, 2, 3, 4; j = 1, 2, \cdots, n)$ 为第 s 级的指标模型中的第 j 项指标的标准值（取各级别最大值）。

其次，令 $\delta = 0.5$，计算关联系数 $\gamma_{ij} = (a + \delta b) / (\kappa_{ij} + \delta b)$，其中，$\gamma_{ij}$ 为第 i 个评价对象在第 j 项指标上的指标数值 f'_{ij} 与目标指标向量 F_s 在第 j 项指标上的关联系数，$\kappa_{ij} = |f'_{ij} - f_{sj}|$，两极最小差为 $a = \min_i\min_j(\kappa_{ij})$，两极最大差为 $b = \max_i\max_j(\kappa_{ij})$，由此可得关联系数矩阵为 $\gamma = (\gamma_{ij})_{m\times n}$。

再次，根据关联系数矩阵 $\gamma = (\gamma_{ij})_{m\times n}$ 和指标权值向量 $w' = (w'_1, w'_2, \cdots, w'_n)$，计算评价对象的指标向量相对于指标体系的第 s 级竞争优势指标向量的灰色关联度 $\theta_s = \gamma_{1\times n} \times w'^T_{n\times1}$。

最后，四级标准的组合权重灰色关联度评价结果分别为 $\theta_1, \theta_2, \theta_3,$

θ_4，最终各人力资源管理外包项目识别结果为 $\theta = \max(\theta_1，\theta_2，\theta_3，\theta_4)$。

各人力资源管理外包项目的评价结果如表 4-4 所示。

表 4-4 各人力资源管理外包项目评价结果

	1	2	3	4	判别
规划外包	0.487 6	0.543 6	0.674 3	0.768 3	4
招聘外包	0.748 3	0.653 8	0.593 6	0.567 2	1
培训外包	0.633 4	0.784 1	0.535 2	0.463 2	2
考核外包	0.452 6	0.569 6	0.889 8	0.709 4	3
福利外包	0.535 2	0.813 9	0.699 7	0.573	2

4.2.3 结果分析

从组合赋权 GRA 模型结果看，综合考虑竞争优势、管理效率、经济成本、技术优势、风险控制等因素影响，人力资源管理各项目外包具有不同的优先顺序。其顺序为招聘外包、培训外包、福利外包、考核外包和规划外包。这样的排序体现出相关项目与组织战略的密切关系，及其对企业获得竞争优势的作用。

人力资源规划项目是组织战略的重要组成部分，对于组织战略的实施具有重要的影响，与企业的自身特点和运行有着密切的联系，因此人力资源规划项目不适合外包。

考核项目与企业自身的运行具有密切的联系，考核指标是由组织战略分解而来的，与战略具有密切的关系，因此，考核项目外包风险较大。

相对来说，招聘项目、培训项目、福利项目对企业竞争优势的影响不如规划和考核项目大，不需要过高的技能，比较容易社会化和标准化，因此，招聘项目、培训项目、福利项目比较适合外包。

4.3   本章小结

　　本章在人力资源管理外包决策分析中，在定性分析的基础上构建了人力资源管理外包项目决策评价指标体系，采用 AHP-熵权法组合赋权法确定各个评价指标的相对权重，用 GRA 方法对各外包项目进行评价，最终对人力资源管理外包项目进行了评价。采用这种方法在一定程度上克服了主观因素的影响，使决策更加科学，而且这种方法符合人们对人力资源管理外包决策分析的思维逻辑，操作相对简单，在实践中具有可操作性。

　　需要注意的是，本章在对人力资源管理外包项目进行评价时，并没有涉及企业类型、战略对人力资源管理外包决策的影响，而实际上，不同类型的企业或者处于不同战略发展阶段的企业，各因素对于人力资源管理外包的影响是不同的，对此本研究并没有涉及，这是今后需要探索解决的问题。

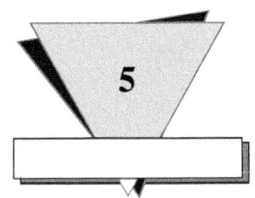

5

人力资源管理外包商
效率评价模型研究

随着人力资源管理外包的不断发展，外包内容和项目更加广泛，从最初的事务性操作层面逐步扩展到战略性层面。但是，人力资源管理外包在给企业带来优势的同时，由于员工、外包商、合同、安全保密、市场不成熟等因素。也存在着很大的风险。因此，如何评价与选择人力资源管理外包商，成为提高人力资源管理外包效率、降低人力资源管理外包风险的关键所在。选择企业人力资源管理外包商是一个非常复杂的过程，要从众多的外包商中选择能满足企业要求的外包商是比较难的。建立一套严格的选择程序和科学的评价体系只是一个方面，科学的评价方法也是必不可少的。目前，国内外有关外包商选择的方法有很多，参考国内外人力资源管理外包商选择经验，本章应用 Malmquist 指数法和 AHP/SFA 方法探讨外包商的绩效评价与选择方法。

5.1　外包商评价指标确定原则和选择程序

5.1.1　外包商评价指标确定原则

对企业人力资源管理外包商评价指标的选择也要遵循一定的原则，尽可能使因素集的各个指标具有客观性和全面性，真正成为选择外包商的参考。

1）独立性原则

各评价指标之间，应尽可能避免显见的包含关系，最好每个指标都能独立、准确地描述对外包商的要求，不要出现重叠的现象。对隐含的相关关系，在处理方法上应尽可能地将之弱化、消除。

2）可比性原则

选择外包商应该在不同备选对象中选择最符合条件的一个，所建立的各项评价指标不应该仅是部分外包商所具备的，而应该是所有外包商都具备的，外包商之间应该具有可比性，这样才有利于在多个潜在的外包商之间进行比较。

3）动态性原则

评价指标体系应能够反映外包商未来竞争力的动态变化。外包管理的重要特征之一是外包商需要与企业建立长期、良好的合作关系，外包商未来的发展空间和模式对企业外包工作的顺利实施有重要的作用，因而指标设置要具有动态性。

4）灵活性原则

设置指标时，要根据企业自身的资源与能力、外包目标等，对评价指标加以适当调整，指标设置要能充分反映企业的战略意图，使外包商无论在战略上还是在具体行动上都能达到企业的要求。

5.1.2　外包商选择的程序

根据马士华等所著的《供应链管理》一书提供的外包商选择步骤，企业决定实施人力资源管理外包后，对外包商选择的一般程序如下：

（1）制订外包实施计划；

（2）企业成立人力资源管理外包小组；

（3）外包小组收集信息；

（4）外包小组协助企业制定外包目标说明以及外包商信息调查问卷；

（5）确定外包商类型；

（6）确定外包商选择准则；

（7）确定外包商评价指标体系与选择方法；

（8）企业寄信息调查问卷给外包商；

（9）外包商回复企业；

（10）企业整理问卷，根据问卷结果对外包商进行初次评审，缩小外包商的范围；

（11）企业向感兴趣的外包商发出外包目标说明文件；

（12）外包商向企业发回函；

（13）企业对外包商进行再评估，确定最后的合作伙伴；

（14）双方签订合约。

由以上程序可见，外包商的选择过程逐渐从定性方法向定量化方法过渡，通过指标选定原则筛选适合本企业的指标，应用各种数学评价模型对外包商的绩效进行综合评价。定量方法可以有效克服传统方法主观性较强的缺点。一般可以应用定性方法进行初选，在确定一定的外包商选择范围后，应用定量化方法进行二次筛选。

目前国内外专家学者对外包商的评价方法已经开展了很多的研究，但是针对人力资源管理外包商评价方法的研究还比较少，一般还是采用定性方法，如招标法、协商选择法等。而随着定量评价方法的不断发展，对于人力资源管理外包商评价的研究也不断深入，最常用的定量方法有 AHP 法、DEA 方法、线性规划法、模糊综合评价方法、神经网络方法等。本章将应用 Malmquist 指数法和 AHP/SFA 方法分别探讨外包商的绩效评价与选择方法。

5.2 基于 Malmquist 指数的人力资源管理外包商动态效率评价模型

Malmquist 指数法是通过谢泼德（R. W. Shephard）提出的投入产出距离函数来定义的。1982 年，凯夫斯、克里斯滕森和德威特（Caves, Christensen & Diewert）首次将 Malmquist 指数引入生产率分析领域，并提出了 Malmquist 生产率指数（Malmquist Productivity Index）的概念。罗尔夫·法尔（Rolf Färe）和格罗斯科夫（Grosskopf）等人在 1992 年进行了进一步的发展，给出了这种理论的一种非参数的线性规划算法，才使 Malmquist 生产率指数可以用来建立多产出、多投入的技术描述形式。

5.2.1 Malmquist 指数的定义

由法尔等人所提出的 Malmquist 指数是建立在谢泼德（1970）所提出的距离函数的基础上的，其表达式为

$$M_{t,\,t+1} = \left[\frac{D^t(x^{t+1},\ y^{t+1})}{D^t(x^t,\ y^t)} \times \frac{D^{t+1}(x^{t+1},\ y^{t+1})}{D^{t+1}(x^t,\ y^t)} \right]^{\frac{1}{2}} \tag{5-1}$$

其中,

$$D(X,\ Y) = \inf\{\theta: (X,\ Y/\theta) \in P(X),\ X \in R^m,\ Y \in R^k,\ \theta \geq 0\}$$
$$= \left[\sup\{\alpha: (X,\ \alpha Y) \in P(X),\ X \in R^m,\ Y \in R^k,\ \alpha \geq 0\}\right]^{-1} \tag{5-2}$$

$P(X) = \{(X,\ Y): 投入 X 能产出 Y\}$ 表示一定技术条件下的生产可能集,$\theta \in [0,\ 1]$ 表示产出效率,如果 $\theta = 1$,那么表示投入资源的搭配是合理的,并且所有的投入要素都发挥了自身的最大效用;相应地,如果 $\theta < 1$,那么表示资源的配置上还存在一定的冗余。从距离函数 $D(X,\ Y)$ 的表达式不难发现,$D^s(X^t,\ Y^t)$ 表示 t 时刻配置 $(X^t,\ Y^t)$ 到 s 时刻系统前沿面的距离,也就是面向产出的 DEA 模型的效率函数值 $F^s(X^t,\ Y^t)$,可由下列模型确定:

$$D^s(X^t,\ Y^t) = \min\theta$$

$$(CCR)\ \text{s. t.} \begin{cases} \sum_{j=1}^{n} X_j^s \lambda_j \leq \theta X_k^t \\ \sum_{j=1}^{n} Y_j^s \lambda_j \geq Y_k^t \\ \lambda_j \geq 0,\ j = 1,\ \cdots,\ n \end{cases} \tag{5-3}$$

从而,Malmquist 指数可以通过计算以下四个 DEA 模型得到

$$D^t(X^t,\ Y^t) = \min\theta$$

$$(CCR\ \text{I})\ \text{s. t.} \begin{cases} \sum_{j=1}^{n} X_j^t \lambda_j \leq \theta X_k^t \\ \sum_{j=1}^{n} Y_j^t \lambda_j \geq Y_k^t \\ \lambda_j \geq 0,\ j = 1,\ \cdots,\ n \end{cases}$$

$$D^{t+1}(X^{t+1},\ Y^{t+1}) = \min\theta$$

$$(CCR\ \text{II})\ \text{s. t.} \begin{cases} \sum_{j=1}^{n} X_j^{t+1} \lambda_j \leq \theta X_k^{t+1} \\ \sum_{j=1}^{n} Y_j^{t+1} \lambda_j \geq Y_k^{t+1} \\ \lambda_j \geq 0,\ j = 1,\ \cdots,\ n \end{cases}$$

$$D^t(X^{t+1}, Y^{t+1}) = \min\theta$$

$$(CCR\ \text{III})\,\text{s.t.} \begin{cases} \sum_{j=1}^{n} X_j^t \lambda_j \leqslant \theta X_k^{t+1} \\ \\ \sum_{j=1}^{n} Y_j^t \lambda_j \geqslant Y_k^{t+1} \\ \\ \lambda_j \geqslant 0,\ j = 1,\ \cdots,\ n \end{cases}$$

$$D^{t+1}(X^t, Y^t) = \min\theta$$

$$(CCR\ \text{IV})\,\text{s.t.} \begin{cases} \sum_{j=1}^{n} X_j^{t+1} \lambda_j \leqslant \theta X_k^t \\ \\ \sum_{j=1}^{n} Y_j^{t+1} \lambda_j \geqslant Y_k^t \\ \\ \lambda_j \geqslant 0,\ j = 1,\ \cdots,\ n \end{cases}$$

5.2.2　Malmquist 指数的分解

在规模报酬不变的情况下，Malmquist 指数可以分解为技术变化指数（Technical Change，TC）和资源配置效率指数（Efficiency Change，EC）。

$$\begin{aligned} M_{t,\,t+1} &= \left[\frac{D^t(X^{t+1},\ Y^{t+1})}{D^t(X^t,\ Y^t)} \times \frac{D^{t+1}(X^{t+1},\ Y^{t+1})}{D^{t+1}(X^t,\ Y^t)} \right]^{\frac{1}{2}} \\ &= \left[\frac{D^t(X^{t+1},\ Y^{t+1})}{D^{t+1}(X^{t+1},\ Y^{t+1})} \times \frac{D^t(X^t,\ Y^t)}{D^{t+1}(X^t,\ Y^t)} \right]^{\frac{1}{2}} \cdot \frac{D^{t+1}(X^{t+1},\ Y^{t+1})}{D^t(X^t,\ Y^t)} \quad (5\text{-}4) \end{aligned}$$

其中，技术变化指数为

$$TC = \left[\frac{D^t(X^{t+1},\ Y^{t+1})}{D^{t+1}(X^{t+1},\ Y^{t+1})} \times \frac{D^t(X^t,\ Y^t)}{D^{t+1}(X^t,\ Y^t)} \right]^{\frac{1}{2}}$$

资源配置效率指数为

$$EC = \frac{D^{t+1}(X^{t+1},\ Y^{t+1})}{D^t(X^t,\ Y^t)}$$

技术变化指数描述了前沿产业科技的变化，可定义为技术进步部分，它代表两个时期内生产前沿面的移动——"前沿面移动效应"或"增长效应"。这种效应表明了技术的进步和创新，该效率的度量与所选参考期 t 的生产前沿面有关，当 $TC > 1$ 时，直观上意味着生产前沿面的"向上"移

动。技术进步来源于投入要素质的提高和知识进步中所含的技术知识进步部分。资源配置效率指数可定义为技术效率改善部分，一定程度上描述了 t 到 $t+1$ 时刻之间的相对技术效率的变化，也被称为"追赶效应"或"水平效应"。它衡量了生产单位是否更靠近当期的生产前沿面进行生产，当 $EC > 1$ 时，表示决策单元的生产更接近于生产前沿面。

当规模效率发生变化时，资源配置效率指数可进一步分解为纯技术效率指数（Pure Technical Efficiency，PTE）和规模效率指数（Scale Efficiency，SE）。其计算公式如下

$$EC = \frac{D^{t+1}(X^{t+1},\ Y^{t+1}\,|V,\ S)}{D^{t}(X^{t},\ Y^{t}\,|V,\ S)} \cdot \frac{S_{t}(X_{t},\ Y_{t})}{S_{t+1}(X_{t+1},\ Y_{t+1})} \qquad (5-5)$$

纯技术效率指数反映了生产技术和经营管理水平的高低。它衡量了生产单位是否更靠近当期的生产前沿面的生产技术和管理水平。当 $PTE > 1$ 时，表示决策单元的生产技术和经营管理水平效率有所提高。规模效率指数反映了生产规模的有效程度，即是否在最合适的投资规模下进行经营。当 $SE > 1$ 时，意味着规模经济，扩大规模总能促进生产率的增长；反之，则意味着规模不经济。

当 Malmquist 指数大于 1 时，表示全要素生产率（TFP）水平提高；当构成 Malmquist 指数的技术变化指数和资源配置效率指数大于 1 时，表示其是 TFP 增长的主要源泉，反之，则是导致 TFP 下降的根源；而规模效率指数和纯技术效率指数的高低，则反映了它们对资源配置效率指数的影响。

5.2.3　评价指标的选择

最早建立供应商绩效评价准则的是迪克森（G. W. Dickson）。1966年，他通过分析 170 份对采购代理人和采购经理的调查结果，得到了 23 项供应商绩效评价准则。这 23 项标准涵盖了影响供应商选择的所有要素，至今仍然是多数企业审视自身供应服务能力的指标。本章将以此评价指标体系为基础，根据人力资源管理外包服务供应商的特点选择评价指标。

在进行供应商选择时，为了把已经确定的选择准则转化为数据包络分

析模型的形式，首先需要将它们划分为输入变量和输出变量，然后建立适当的数据包络分析模型，计算各个候选供应商的相对效率；再根据计算结果，选择适当的供应商。一般来说，越小越好的是输入指标，越大越好的是输出指标。

对于人力资源管理外包商的评价指标的选择应具有全面性、科学性，符合我国人力资源管理外包的现状，也能体现出人力资源管理外包的最新发展趋势。因此，本章拟从服务价格、服务时间、服务质量、企业素质这四个指标对人力资源管理外包商进行评价。服务价格是人力资源管理外包商的价格竞争能力的反映，可以用基本服务价格、折扣服务价格等进行衡量；服务时间是人力资源管理外包商服务效率的反映，可以用外包商提供一般业务服务的服务周期来衡量；服务质量是人力资源管理外包商的服务质量的反映，可以用服务的范围、服务的质量等进行衡量；企业素质反映了企业的基本能力和发展潜力，可以用企业财务能力、市场占有率、市场增长率、企业管理水平等进行衡量。服务价格和服务时间分别与外包商的资金和时间的投入有关，一般来说，这两个指标越小越好，所以把它们作为输入变量；而服务质量和企业素质是外包商收益的反映，这两个指标越大越好，所以可以将它们作为输出指标。

5.2.4 数据的获得

各指标得分均采用专家打分法获取，打分的专家主要是企业的人力资源管理专家。为了保证每个指标都有可以比较的标准，我们确定了指标的得分标准（如表 5-1 所示），每个指标的得分范围在 0 ~ 1 之间，并分为四个分值段：初始级、发展级、规范级、成熟级。

表5-1　人力资源管理外包商指标评分标准

级别	分值范围	评价标准
成熟级	$0.8 < \theta \leqslant 1.0$	水平非常高，具有很强的竞争优势
规范级	$0.6 < \theta \leqslant 0.8$	水平较高，具有较大的竞争优势

续表

级别	分值范围	评价标准
发展级	$0.3 < \theta \leq 0.6$	水平一般，竞争优势不明显
初始级	$0 < \theta \leq 0.3$	水平较差，不具有竞争优势

接下来，请相关专家对备选外包商 2004—2008 年期间每年的指标进行打分，从而获得关于备选外包商的面板数据。

5.2.5 模型结果及分析

我们邀请了 15 名企业人力资源管理专家参考人力资源管理外包商指标评分标准，对市场上比较有竞争力的八家备选人力资源管理外包商 2004—2008 年的绩效情况进行打分，取某一年关于某一备选人力资源管理外包商评分的均值作为其该年的绩效得分。

在得到 2004—2008 年八家人力资源管理外包商的面板数据后，通过式 5-3 的数学规划方法计算 Malmquist 指数的产出距离函数，利用式 5-1 求出 Malmquist 指数，再利用式 5-4 和式 5-5 对其进行分解，结果见表 5-2。

表 5-2　2004—2008 年度人力资源管理外包商绩效动态变化情况

年度	备选外包商	Malmquist 指数	资源配置效率 指数	技术变化 指数	纯技术效率 指数	规模效率 指数
2004—2005	外包商一	1.108	1.074	1.032	1.033	1.040
	外包商二	1.039	0.998	1.041	1.000	0.998
	外包商三	1.092	0.985	1.109	0.989	0.996
	外包商四	1.080	1.011	1.068	0.991	1.020
	外包商五	1.072	0.962	1.114	0.962	1.000
	外包商六	1.098	0.983	1.118	0.990	0.992
	外包商七	1.084	0.959	1.131	1.000	0.959
	外包商八	1.047	1.000	1.047	1.000	1.000
	均值	1.078	0.996	1.083	0.996	1.001

续表

年度	备选外包商	Malmquist 指数	资源配置效率 指数	技术变化 指数	纯技术效率 指数	规模效率 指数
2005—2006	外包商一	1.091	0.917	1.190	0.975	0.940
	外包商二	1.042	1.087	0.959	1.086	1.001
	外包商三	1.069	1.010	1.058	1.011	0.998
	外包商四	1.093	1.026	1.066	1.029	0.997
	外包商五	1.057	0.973	1.086	0.973	1.000
	外包商六	1.035	0.966	1.072	0.986	0.980
	外包商七	1.088	0.965	1.127	1.000	0.965
	外包商八	1.017	1.000	1.017	1.000	1.000
	均值	1.062	0.993	1.072	1.008	0.985
2006—2007	外包商一	1.067	1.110	0.962	1.049	1.058
	外包商二	1.061	0.960	1.105	0.921	1.043
	外包商三	1.062	1.018	1.043	0.999	1.019
	外包商四	1.056	0.946	1.116	1.002	0.944
	外包商五	1.031	1.016	1.015	1.000	1.016
	外包商六	1.078	0.992	1.087	1.013	0.979
	外包商七	1.056	0.990	1.067	1.000	0.990
	外包商八	1.027	1.000	1.027	1.000	1.000
	均值	1.055	1.004	1.053	0.998	1.006
2007—2008	外包商一	1.033	1.144	0.903	1.069	1.070
	外包商二	1.040	1.099	0.946	1.000	1.099
	外包商三	1.068	1.068	1.051	1.005	1.012
	外包商四	1.047	1.069	0.980	1.012	1.056
	外包商五	1.031	1.027	1.004	1.043	0.985
	外包商六	1.068	0.986	1.084	0.988	0.997
	外包商七	1.047	1.042	1.005	1.000	1.042
	外包商八	1.016	1.000	1.016	1.000	1.000
	均值	1.044	1.054	0.999	1.015	1.033

1）人力资源管理外包商行业绩效动态分析

从表 5-2 可以看出，2004—2008 年期间人力资源管理外包商行业整体绩效始终处于提高的阶段，在这五年期间，人力资源管理外包商行业绩效年均增长率为 6 个百分点。从人力资源管理外包商行业绩效动态水平的发展趋势看，人力资源管理外包商行业技术进步是增长的主要来源，技术进步为人力资源管理外包商行业绩效增长贡献了 5 个百分点；而与技术进步相比，资源配置效率对于人力资源管理外包商行业绩效增加的推动作用要小得多，只贡献了 1 个百分点。因此，人力资源管理外包商行业绩效增长属于技术诱导型的增长模式（见图 5-1）。

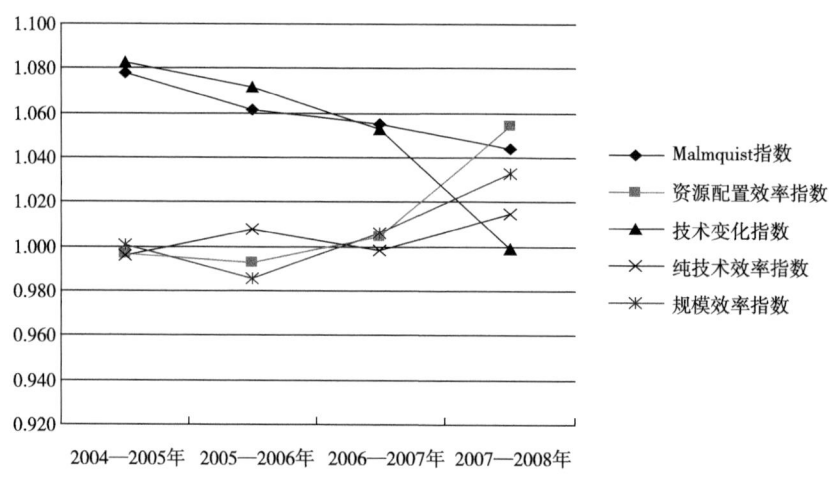

图 5-1　人力资源管理外包商行业绩效变化趋势

而从 2004—2008 年人力资源管理外包商行业绩效的变化趋势看，Malmqusit 指数的增长率呈现出递减的态势。在 2004—2005 年度增长率为 7.8 个百分点，而到 2007—2008 年度增长率仅为 4.4 个百分点。在增长结构中，2004—2007 年度主要的推动力是技术进步，而 2007—2008 年度主要的推动力是资源配置效率。

2）备选人力资源管理外包商绩效动态分析

表 5-3 反映了 2004—2008 年度各备选人力资源管理外包商绩效动态

变化趋势。从表中可以看出，外包商一、外包商三、外包商四、外包商六、外包商七的效率提高相对比较快，而外包商二、外包商五、外包商八的效率提高相对比较慢，其中外包商八的年均增长率仅为 2.7 个百分点，远远低于外包商一年均 7.5 个百分点的增长率。

表 5-3　各人力资源管理外包商 2004—2008 年度动态绩效变化趋势

	年度	Malmquist 指数	资源配置效率 指数	技术变化 指数	纯技术效率 指数	规模效率 指数
外包商一	2004—2005	1.108	1.074	1.032	1.033	1.040
	2005—2006	1.091	0.917	1.190	0.975	0.940
	2006—2007	1.067	1.110	0.962	1.049	1.058
	2007—2008	1.033	1.144	0.903	1.069	1.070
	均值	1.075	1.061	1.022	1.032	1.027
外包商二	2004—2005	1.039	0.998	1.041	1.000	0.998
	2005—2006	1.042	1.087	0.959	1.086	1.001
	2006—2007	1.061	0.960	1.105	0.921	1.043
	2007—2008	1.040	1.099	0.946	1.000	1.099
	均值	1.046	1.036	1.013	1.002	1.035
外包商三	2004—2005	1.092	0.985	1.109	0.989	0.996
	2005—2006	1.069	1.010	1.058	1.011	0.998
	2006—2007	1.062	1.018	1.043	0.999	1.019
	2007—2008	1.068	1.068	1.051	1.005	1.012
	均值	1.073	1.020	1.065	1.001	1.006
外包商四	2004—2005	1.080	1.011	1.068	0.991	1.020
	2005—2006	1.093	1.026	1.066	1.029	0.997
	2006—2007	1.056	0.946	1.116	1.002	0.944
	2007—2008	1.047	1.069	0.980	1.012	1.056
	均值	1.069	1.013	1.057	1.009	1.004

续表

	年度	Malmquist 指数	资源配置效率 指数	技术变化 指数	纯技术效率 指数	规模效率 指数
外包商五	2004—2005	1.072	0.962	1.114	0.962	1.000
	2005—2006	1.057	0.973	1.086	0.973	1.000
	2006—2007	1.031	1.016	1.015	1.000	1.016
	2007—2008	1.031	1.027	1.004	1.043	0.985
	均值	1.048	0.995	1.055	0.995	1.000
外包商六	2004—2005	1.098	0.983	1.118	0.990	0.992
	2005—2006	1.035	0.966	1.072	0.986	0.980
	2006—2007	1.078	0.992	1.087	1.013	0.979
	2007—2008	1.068	0.986	1.084	0.988	0.997
	均值	1.070	0.982	1.090	0.994	0.987
外包商七	2004—2005	1.084	0.959	1.131	1.000	0.959
	2005—2006	1.088	0.965	1.127	1.000	0.965
	2006—2007	1.056	0.990	1.067	1.000	0.990
	2007—2008	1.047	1.042	1.005	1.000	1.042
	均值	1.069	0.989	1.082	1.000	0.989
外包商八	2004—2005	1.047	1.000	1.047	1.000	1.000
	2005—2006	1.017	1.000	1.017	1.000	1.000
	2006—2007	1.027	1.000	1.027	1.000	1.000
	2007—2008	1.016	1.000	1.016	1.000	1.000
	均值	1.027	1.000	1.027	1.000	1.000
全行业	2004—2005	1.078	0.996	1.083	0.996	1.001
	2005—2006	1.062	0.993	1.072	1.008	0.985
	2006—2007	1.055	1.004	1.053	0.998	1.006
	2007—2008	1.044	1.054	0.999	1.015	1.033
	均值	1.060	1.012	1.051	1.004	1.006

外包商一绩效提高的动力主要来自资源配置效率的提高，而它的技术效率相对较低。对于资源配置效率的提高，纯技术效率和规模效率起到了相同的作用，分别贡献了 3 个和 3.5 个百分点，说明外包商一在提高内部管理、扩大市场规模、提高内部效率方面有了长足的进步，属于新兴的、有竞争力的厂商。

与外包商一不同，外包商三绩效提高的动力来自技术进步，其年均绩效增长为 7.3 个百分点，技术进步则贡献了 6.5 个百分点，说明外包商三在人力资源管理外包服务的创新上走到了前列，通过不断的创新提高了自己的绩效。

外包商四、外包商六、外包商七表现出与外包商三相同的特点。外包商六、外包商七的资源配置效率小于 1，说明这两个外包商在内部管理、资源配置上还有待进一步的提高。

因此，从各个备选的人力资源管理外包商的动态效率变化来看，外包商一在技术效率、资源配置效率、纯技术效率和规模效率方面均有较好的增长，说明该企业在业务上有一定的创新，在内部管理、资源配置、规模效益方面均达到了较好的水平，具有较强的实力和较好的发展前景，是最好的选择对象。而外包商三和外包商四虽然在业务创新上走在了前列，但是在内部管理方面还存在一定的问题，可以作为候选单位。

5.2.6　研究结论

与模糊评价和层次分析法相比，利用 Malmquist 指数方法的人力资源管理外包商绩效评价研究，不仅可以克服上述方法主观性过强的特点，而且可以从动态的角度对供应商绩效的变化及其影响因素进行分析，从而更为客观地对备选供应商的绩效水平、变化趋势进行评价，为人力资源管理外包商的决策提供依据。从样本的结构看，可以得出以下结论：

第一，目前人力资源管理外包行业绩效水平呈现出逐年提高的态势，技术进步是推动人力资源管理外包商行业绩效水平提高的主要动力。

第二，从人力资源管理外包商行业绩效水平的发展趋势看，其增长率

呈现出递减的特点，这主要是由于技术进步效率减缓，而资源配置效率提高缓慢的缘故。因此，今后人力资源管理外包商行业在不断创新服务业务和项目的同时，努力提高内部管理效率和资源配置水平，将成为相关企业获得竞争优势的关键。

第三，从八个备选的人力资源管理外包商的绩效变化看，效率水平参差不齐，存在一定的差距。即使绩效处于同一水平的备选外包商，其增长推动力也是不一样的。可以看出，绝大部分企业在提高资源配置效率方面还有很长的路要走。而外包商一在各个方面发展相对比较均衡，成为最好的选择对象。

5.3 基于 AHP/SFA 的人力资源管理外包商绩效评价模型构建

5.3.1 AHP/SFA 基本原理

1）AHP 的基本原理

层次分析法（Analytic Hierarchy Process，AHP）是由美国学者萨蒂（Saaty T. L.）于 20 世纪 70 年代提出的一种定性与定量分析相结合的多目标评价决策方法。它通过充分考虑决策者的主观偏好，把一个复杂问题表示为有序递阶层次结构，通过两两比较的方式建立判断矩阵及各要素的相对权重，进而得出对评价指标的判断。

2）SFA 的基本原理

实际上，生产不可能在最优水平上运行，其产出永远低于理论上的最大产出。利润效率值就是由既定生产条件下实际产出在最大可能产出中所占比例来表现的。SFA 法将随机前沿面的误差项分为两部分，一部分是决策单元无法控制的因素，而另一部分是本身可控但未达最优的部分。如巴蒂斯和科埃利（Battese & Coelli，1995）提出单阶段估算利润效率的函数模型所示。

$$Q_{it} = f(K_{it}、L_{it}) + \varepsilon_{it} \tag{5-6}$$

其中，i 为样本中备选外包商数目；t 为时间段数目；Q_{it} 为第 i 家外包商在第 t 时间段的产出利润；f 代表某一函数形式；K_{it} 为变动投入的资本矢量；L_{it} 为变动投入的劳动矢量；$\varepsilon_{it} = \nu_{it} - u_{it}$，其中 ν_{it} 是随机误差项，代表影响利润效率的非可控因素，可正可负，$\nu_{it} \in iid$ 并服从 $\nu_{it} \sim N(0, \sigma_\nu^2)$ 分布；u_{it} 是非负的无效率残差项，只会降低利润，主要包括管理、资源利用和计划制订等方面的可控因素，其大小可反映外包商无效率的程度，服从被截取的单边正态分布 $u_{it} \sim N(0, \sigma_u^2)$。

Cobb-Douglas 函数是 SFA 最常采用的函数形式，它考虑了投入或产出之间的替代性或相关性，该函数形式没有限制规模经济的不变性，但在测算规模经济和范围经济时有大量的参数需要估计。本章采用了面板数据，解决了需要大量参数的问题，具体模型如式 5-7、式 5-8 所示。

$$EFF_{it} = \frac{E(Q_{it}^*/u_{it}, X_{it})}{E(Q_{it}^*/u_{it} = 0, X_{it})} \tag{5-7}$$

$$\gamma = \frac{\sigma_u^2}{\sigma_\nu^2 + \sigma_u^2} \tag{5-8}$$

在式 5-7 中，EFF_{it} 表示样本中第 i 家外包商在第 t 时期内的利润效率水平。因此，外包商实现企业外包利益最大化的唯一目标是：在给定的经济状况和技术条件 X_{it} 下，通过选择不同的投入和产出数量使无效率项 u_{it} 最小，从而实现利润最大。显然，如果 $u_{it} = 0$，则 $EFF_{it} = 1$，即处于生产有效率状态，此时该外包商的生产点规模位于生产前沿面上；相反，如果 $u_{it} > 0$，则 $0 < EFF_{it} < 1$，这种状态为生产非效率，此时该外包商的生产点位于生产前沿面之下。

在式 5-8 中，γ 也是为待估参数。显然 $\gamma = 0 \Rightarrow \sigma_u^2 \to 0$，进一步可推理得到误差项 $\varepsilon_{it} = \nu_{it}$。在统计检验中，如果 $\gamma = 0$ 这一原假设被接受，即说明外包商的生产点都位于生产前沿面上。

3）AHP/SFA 方法评价人力资源管理外包商绩效的步骤

首先，明确评价目的。根据外包的特点确定评价指标体系，构建递阶层次结构。

其次，采用 AHP 方法给每个指标值打分。

再次，确定决策单元并构造 SFA 投入产出模型。人力资源管理外包绩效评价就是评价外包商的整体实力，故每个备选外包商就是一个决策单元。其投入产出指标的选取，既要考虑重要性，又要遵循就简的原则。本章采用多指标投入和单指标产出的方式。

最后，进行 SFA 计算。针对每个备选外包商建立 SFA 模型，计算其在整个评价体系中的效率指数排名。

5.3.2 具体案例实证分析

某企业拟将人力资源管理职能中的新员工招聘外包，通过招标法对外包商进行了初步筛选，在市场上有 10 家比较有竞争力的人力资源管理外包商进入候选行列。我们请了 20 名企业人力资源专家参考人力资源管理外包商指标评分标准，对这 10 家备选外包商 2007—2009 年的每季度绩效情况进行打分，取某一季度关于某一备选人力资源管理外包商评分的均值作为其该季度评价指标值的得分，并根据专家打分进行 SFA 估计，最终得出最具效率的外包商。

1）用 AHP 方法计算经济因素、服务质量、企业基础素质等指标值

将被评价对象的评价指标体系按递阶层次结构分成若干一级指标，每个一级指标再划分为若干二级指标，结合新员工招聘外包的特点，选取外包商的经济因素、服务质量和企业基础素质三个一级指标，及其余 10 个二级细化指标，如表 5-4 所示。

表 5-4 基于 SFA 的评价因素指标

指标类型	经济因素	服务质量	企业基础素质
投入指标	基本服务价格	服务绩效	市场占有率
	折扣价格	服务网络	客户投诉率
	财务稳定性	服务态度	从业人员数量
产出指标	新员工录用率		

在 AHP 方法中，代表投入的九个二级细化指标都是决策者或专家根据主观偏好对备选外包商的评分，打分区间在（0，10）之间。其中，经济因素中的基本服务价格代表了企业将人力资源管理业务交给外包商时的整体费用，专家根据不同外包商的报价和承诺服务的内容进行评判，一般是收费越低、提供服务越多则分值越高；折扣价格代表了不同外包商提供的优惠价格，同样的服务价格优惠越多则打分越高；财务稳定性代表外包商所具备的财务状况，以正常稳定地提供服务，故其财务状况越好则打分越高。服务质量中的服务绩效代表外包商完成某一项服务的效率，时间越短则打分越高；服务网络代表外包商服务渠道和所能覆盖到的区域，渠道越多、区域越广则打分越高；服务态度反映了外包商的服务水平，态度越好则打分越高。企业基础素质中的市场占有率反映了外包商的行业地位，占有率越大则打分越高；客户投诉率反映了外包商的专业素养和业内口碑，投诉率越低则打分越高；从业人员数量以实际人数计算，反映了外包商的规模和实力，人数越多则打分越高。产出指标——新员工录用率以每一标准单位资金投入所能招聘到的合格员工的比例计算。经过 20 名专家的打分，本案例中各外包商的评价指标值如表 5-5 所示。

表 5-5 基于 AHP 的各外包商评价指标值

一级指标	二级指标	外包商一	外包商二	外包商三	外包商四	外包商五	外包商六	外包商七	外包商八	外包商九	外包商十
经济因素	基本服务价格	9.5	8.4	7.6	9.8	8.9	5.7	6.8	7.9	9.0	8.8
	折扣价格	6.5	6.8	6.4	6.0	5.9	6.6	6.7	5.8	6.6	6.1
	财务稳定性	8.0	7.6	8.4	7.9	7.5	8.8	9.0	8.2	8.5	7.8
服务质量	服务绩效	8.2	8.1	8.4	7.6	7.6	8.3	7.4	6.9	7.9	8.3
	服务网络	3.8	4.1	3.6	4.8	5.1	4.9	5.6	4.3	4.7	5.4
	服务态度	7.8	7.6	8.4	8.5	8.6	7.9	7.6	7.4	7.5	8.7
企业基础素质	市场占有率	7.3	6.1	6.8	5.1	6.9	7.0	6.4	5.3	4.2	5.7
	客户投诉率	1.0	1.5	2.1	1.7	2.4	1.3	0.8	0.7	1.6	2.0
	从业人员数量	34	26	51	27	63	41	37	29	19	57

续表

一级指标	二级指标	外包商一	外包商二	外包商三	外包商四	外包商五	外包商六	外包商七	外包商八	外包商九	外包商十
产出指标	新员工录用率	0.46	0.5	0.36	0.4	0.71	0.52	0.68	0.34	0.57	0.61

2）利用 SFA 计算各外包外包商的 EFF 绩效评价指数

将表 5-5 得出的投入产出评价指标代入 SFA 估计模型式 5-6，并利用澳大利亚新英格兰大学蒂姆·科埃利（Tim Coelli）编写的 Frontier4.1 程序进行 SFA 模型的数据处理，得到结果即式 5-7 中各外包商的 EFF 值，如表 5-6 所示。

表 5-6　基于 SFA 的外包商绩效评价指数（季）

EFF 绩效	外包商一	外包商二	外包商三	外包商四	外包商五	外包商六	外包商七	外包商八	外包商九	外包商十	均值
2007 年第一季度	0.287	0.665	0.084	0.416	0.760	0.555	0.538	0.161	0.694	0.182	0.434
2007 年第二季度	0.418	0.749	0.179	0.538	0.824	0.659	0.629	0.281	0.615	0.261	0.515
2007 年第三季度	0.374	0.723	0.143	0.498	0.805	0.626	0.634	0.239	0.591	0.304	0.494
2007 年第四季度	0.331	0.695	0.111	0.457	0.783	0.591	0.569	0.198	0.637	0.220	0.459
2008 年第一季度	0.225	0.721	0.147	0.497	0.803	0.624	0.699	0.111	0.679	0.159	0.467
2008 年第二季度	0.331	0.773	0.218	0.576	0.842	0.690	0.659	0.201	0.626	0.260	0.518
2008 年第三季度	0.309	0.701	0.232	0.418	0.846	0.648	0.720	0.179	0.822	0.374	0.525
2008 年第四季度	0.385	0.665	0.093	0.418	0.809	0.615	0.705	0.180	0.582	0.219	0.467

续表

EFF 绩效	外包商一	外包商二	外包商三	外包商四	外包商五	外包商六	外包商七	外包商八	外包商九	外包商十	均值
2009 年第一季度	0.268	0.754	0.122	0.431	0.828	0.623	0.691	0.218	0.594	0.287	0.482
2009 年第二季度	0.266	0.671	0.122	0.555	0.807	0.615	0.658	0.143	0.689	0.330	0.486
均值	0.319	0.712	0.145	0.480	0.811	0.625	0.650	0.191	0.653	0.260	0.485

从纵向来看，由于人力资源管理外包是一个新兴行业，与国家宏观经济发展有一定的关联度，并受经济发展状况和市场供求关系变化影响而呈现周期性的特点，因此新员工招聘业务外包商的绩效一般在第二季度和第三季度求职就业高峰期显著提高。实证结果表明，从 2007 年第一季度到 2009 年第二季度，备选人力资源管理外包商的季度平均标准利润效率依次为 0.434、0.515、0.494、0.459、0.467、0.518、0.525、0.467、0.482 和 0.486，可见随着经济发展和就业形势的周期性变化，人力资源管理外包商的绩效也在不断变化。

从横向来看，人力资源管理外包商之间存在巨大的绩效差距，最高绩效和最低绩效之差达到 0.72，这突出体现了人力资源管理外包行业前期投资大、品牌效应高、管理风险大、竞争激烈的特点。从绩效评价指数的均值来看，外包商五的绩效最好，在同行业中的效率水平达到了 0.811；而外包商三的绩效最差，仅为 0.145。其实从表 5-5 中的产出指标——新员工录用率，我们也能看出，在以每一标准单位资金投入所能招聘到的合格员工的比例中，外包商五的成功率要远远高于其他同行，只是不同的外包商有着不同的投入产出比例，因此应充分考虑投入要素的差异。在综合考虑各项投入指标并结合科学的生产函数模型计算之后，可得到更加客观全面的评价值，进一步验证了这一判断。这些都表明，利润效率的计算可以为有人力资源管理外包需求的企业在外包行业中挑选经营绩效较高的外包商提供理论依据，采用层次分析法和随机前沿分析法结合的评价模型

（AHP/SFA）是有效的。

5.3.3 研究结论

单一的 AHP 方法可以充分利用专家的专业经验并考虑决策者的风险偏好，但在一定程度上又过分依赖于决策者的主观判断，缺乏一定的科学合理性；而单一的 SFA 方法虽然不受任何人为因素的影响，但完全依赖客观数据又往往不能反映决策者的经验和偏好。AHP/SFA 方法可以在一定程度上克服两种方法各自的不足，先利用 AHP 法计算指标值建立决策单元集合，再利用 SFA 方法对决策单元的绩效进行计算，最终可以直接得到反映外包商效率的理论值。一方面，可以利用专家的经验和主观偏好对外包商各指标进行定性分析；另一方面，通过统计量化的方法剔除评价指标中的主观偏激因素。其计算结果为（0，1）区间的唯一值，简单易懂，为有外包需求的企业提供了各外包商的排序情况，进而可以更准确地作出选择判断。

5.4 Malmquist 指数方法与 AHP/SFA 方法的比较

Malmquist 指数和随机前沿面（SFA）方法都是近年兴起的间接评价方法。随机前沿函数分析（Stochastic Frontier Analysis，SFA）是一种参数方法，先估计一个生产函数，根据误差项的分布假设不同，采用相应的技术方法来估计生产函数中的各个参数；而 Malmquist 指数是一种非参数方法，它是在对数据包络分析（DEA）的基础上发展而来的。而层次分析法（AHP）是一种定性与定量分析相结合的多目标评价决策方法，已经在各种评价问题中得到广泛应用。它通过充分考虑决策者的主观偏好，把一个复杂问题表示为有序递阶层次结构，通过两两比较的方式建立判断矩阵及各要素的相对权重，进而得出对评价指标的判断。

AHP/SFA 方法可以在一定程度上克服 AHP 方法和 SFA 方法各自的不足，先利用 AHP 法计算指标值建立决策单元集合，利用专家的经验和主

观偏好对外包商各指标进行定性分析；再利用 SFA 方法对决策单元的绩效进行计算，通过统计量化的方法剔除评价指标中的主观偏激因素，最终得到反映外包商效率的理论值。最后的评价结果是唯一的，并具有一定的实际意义，便于外包决策者作出选择。而基于 DEA 方法的 Malmquist 指数法的计算过程不需要提前确定输出单元与输入单元之间的函数关系，有效避免了由于提前确定它们之间关系带来的信息传递失误和评价人主观判断的影响；可以对企业的相对差距进行比较，并直接指明与最佳企业相比，被评价企业在哪些投入产出项目上存在差距，从而找出提高效率的最佳途径。这些优点排除了主观因素的影响，具有很强的客观性。

5.5   本章小结

一方面，与模糊评价和层次分析法相比，利用 Malmquist 指数方法可以避免传统评价方法的主观性因素，也可以从动态的角度评价人力资源管理外包商绩效的变化趋势和影响因素。实证结果表明，目前人力资源管理外包商行业绩效在不断提高，但增长率在不断递减，不同的备选外包商的发展是有差异的，其推动因素也是不同的。这为选择合适的人力资源管理外包商提供了更多的参考依据。从样本的结果看，目前人力资源管理外包商行业绩效呈现出逐年提高的态势，技术进步是推动人力资源管理外包商行业绩效水平提高的主要动力。从人力资源管理外包商行业绩效水平的发展趋势看，其增长率呈现出递减的特点，这主要是由于技术进步效率减缓，而资源配置效率提高缓慢。因此，人力资源管理外包商行业在不断创新服务业务和项目的同时，努力提高内部管理效率和资源配置水平，将成为相关企业获得竞争优势的关键。从八个备选的人力资源管理外包商的绩效变化看，效率水平参差不齐，存在一定的差距。即使绩效处在同一水平的备选外包商，其增长推动力也是不一样的，可以看出绝大部分企业在提高资源配置效率方面还有很长的路要走。而外包商一在各个方面发展相对比较均衡，成为最好的选择对象。

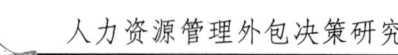

　　另一方面，利用多层次/随机前沿分析（AHP/SFA）综合方法可以避免传统评价的主观性因素，也可以从动态的角度评价人力资源管理外包商绩效的变化趋势和影响因素。先利用 AHP 法计算指标值建立决策单元集合，再利用 SFA 方法对决策单元的绩效进行计算，最终可以直接得到反映外包商效率的理论值。实证检验表明，可以利用专家的经验和主观偏好对外包商各指标进行定性分析，通过统计量化的方法剔除评价指标中的主观偏激因素，其计算结果为（0，1）区间的唯一值，简单易懂，为外包需求企业提供了各外包商的排序情况，进而可以更准确地作出选择判断。不同备选外包商的绩效是有差异的，多层次/随机前沿综合分析法的结论简洁有效，为选择合适的人力资源管理外包商提供了更多的参考依据。

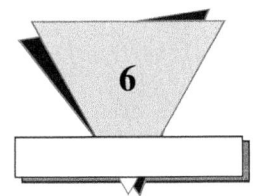

6

基于系统动力学的人力资源管理外包风险仿真研究

　　人力资源管理外包在给企业带来优势的同时，由于外包商、企业、信息保密等因素，也存在着很大的风险。因此，分析人力资源管理外包风险、发现其根本来源、找到控制风险的方法，对于提高企业的人力资源管理效率乃至企业的整体竞争力都具有非常重要的意义。

　　目前，国内外有关人力资源管理外包风险的文献还不够深入，大都是以简短的语言说明可能出现的风险因素，如决策风险、外包商选择风险、失控的风险、安全的风险等，对人力资源管理外包风险的研究还有待加强。要素的提升固然可以提升企业成长性，但对企业要素孤立的分析，难以发现要素之间的相互影响，也忽视了要素之间的动态关系。因此，需要把人力资源管理外包看成一个复杂的系统，重点通过系统分析和设计，揭示系统要素之间的关系。要想给整个系统的优化提供建议，还需在结合实践的基础上，应用系统的观点对其作更为详尽的研究。因此，我们基于系统动力学得出了人力资源管理外包风险因素因果关系图和人力资源管理外包风险系统动力学模型，以期更好地分析人力资源管理外包的风险因素以及外包风险的动态特征。

6.1　人力资源管理外包风险系统动力学模型

6.1.1　系统动力学

　　系统动力学（System Dynamics，SD），是一种以反馈控制理论为基础、以数字计算机仿真技术为手段的研究复杂社会经济系统的定量方法。由美国麻省理工学院斯隆管理学院费雷斯特（Forrester）教授创立，是一种研究大系统的计算机仿真方法。系统动力学模型的一大特点是能作长期的、动态的、战略性的定量分析研究。系统动力学是研究信息反馈系统动态行为的计算机仿真方法。它可有效地把信息反馈的控制原理与因果关系的逻辑分析结合起来，面对复杂的实际问题，从研究系统的内部结构入手，建立系统的仿真模型，并对模型实施各种不同的政策方案，通过计算机仿真

展示系统的宏观行为，寻求解决问题的正确途径。作为一门定性与定量相结合研究系统发展变化的动态行为的应用学科，系统动力学有着分析和解决复杂动态性问题的独到而鲜明的特点。系统动力学创立至今，在人口、经济、环境、能源、教育等领域都得到了广泛应用。系统动力学是一门分析、研究信息反馈系统的学科，是一门沟通自然科学和社会科学等领域的横向学科，也是系统科学的一个分支。系统动力学是在总结运筹学的基础上，为适应现代社会系统的管理（控制）需要而发展起来的。它不像运筹学那样拘泥于最优解，而是以现实存在的世界为前提，不依据抽象的假设，而依据对系统实际的观测所获得的信息建立动态仿真模型，寻求改善系统行为的机会和途径，并通过计算机上的实验来获得系统未来行为的描述。系统动力学的一个突出优点是能够处理高阶次、非线性、多重反馈复杂时变系统的问题。它还能定量地分析各类复杂系统的结构与功能的内在联系，定量地确定系统的各种特性。对系统动力学可以简单定义为："系统动力学是研究社会系统动态行为的计算机仿真方法。"由于系统动力学是用计算机实验的方法来研究战略与策略的，因此被誉为"战略与策略实验室"。

6.1.1.1 系统动力学的相关理论

1）反馈控制理论

反馈控制是根据系统输出的最终结果来指导将来的行动，也就是把输出结果与目标值产生的偏差作为系统的输入信息，并对系统的再输出结果产生影响，分析并改善决策的过程。反馈控制理论是系统动力学最重要的理论基础。反馈控制理论强调反馈环路系统中的结构关系（Structure Interrelation）、时间延迟（Time Delay）、信息放大（Information Amplification）对系统动态行为模式的影响，同时也说明了系统各部分组成元素之间的相互作用比组成元素本身特性的影响要大。结构关系表示系统各组成结构元素之间的相互关系；时间延迟始终贯穿整个系统，主要表示决策行动落后于信息的获得；信息放大表示，随着流程与时间的推移，某些信息会被错误地放大，它对决策行为的影响会随之而被放大。有了反馈控制理论的这三个特性，系统动力学可应用于社会、经济、生态、能源

等各种系统的研究。

2）决策过程理论

企业生产经营决策过程是一个有序的系统过程，受到周围环境的影响，因此决策的质量无法用自由意识来随意控制，必须将行为准则通过系统的程序模式与规则来推论其可能的反应，才能有效应对周围环境变化带来的影响。考虑到这个特性，系统动力学强调决策的制定要考虑环境对决策的影响以及决策又如何反过来影响环境。系统动力学认为，企业未来的发展需要着重组织策略的设计，来改善企业内部及与企业关联的外部环境的复杂的系统结构，分析目标和子目标的多重性，最终找到优化的决策。

3）系统分析的试验方法

社会、经济、生态、能源等都属于复杂的动态系统，它们的决策面临十分复杂而又动态变化的环境。对于此类复杂动态系统的决策问题，仅仅靠数学分析的方法来求一般解析解是很困难的。而系统动力学利用试验的方式，通过描述系统复杂的结构和流程来定性地刻画系统内部的因果反馈关系，并通过建立数学模型定量地描述随时间不断变化的系统行为。企业管理决策者可尝试各种不同的情境、构想及策略，利用定量仿真来模拟不同策略下系统随时间展开的动态行为模式，以了解系统动态行为的结构性原因，后通过改变系统模型结构或相关变量参数，分析并设计出具有良好的系统结构、能解决动态复杂问题和改善系统绩效的高效解决方案。

4）计算机仿真技术

复杂动态系统的决策过程往往涉及多变量及高阶的非线性关系，其运行需要耗费大量的时间。计算机仿真技术的采用，使得系统动力学可以轻松处理高阶、非线性、多环的动态系统问题，它以试验的方式建立数学模型描述产生动态行为的系统结构，并采用微分方程的概念设计系统动力学的仿真模型，借助计算机的运算能力，可以对高阶非线性复杂动态系统的动态化过程进行仿真。

随着计算机与仿真技术的飞速发展，无论运算方法、运算能力还是人机交互和可操作性，许多系统动力仿真软件（如 Vensim、Powersim、

STELLA 等）都变得日趋完善。系统动力学之所以能成为一种研究、认识人类动态复杂系统的全面性的研究方法，是因为它建立在以上四项理论基础之上，并逐渐发展成熟。于系统动力学来说，这四项理论基础是相辅相成、缺一不可的。反馈控制理论、决策过程理论及系统分析的试验方法本身就是自然科学、工程技术、社会科学、思维科学相互渗透与交融的产物，具有较高的抽象性和综合性，可帮助构建系统流程结构来刻画系统内部的因果反馈关系，进一步确定因果系统的数学关系；系统分析的试验方法有助于更好地理解用系统动力学来认识系统问题的方法和观点，并在试验的环境中实现决策人员制定的策略，提高系统动力学的可操作性；计算机仿真技术则为系统动力学提供了强大的运算力支持，可以轻松地实现系统动力学模型的量化仿真，最后通过对仿真结果的分析，获得对系统动态行为的认知，并可由此验证、改进决策的制定。

6.1.1.2 系统动力学的建模规则

系统动力学模型是对真实世界系统简化的结果，从再现客观世界真实情况来讲，任何模型都不是完全正确的。但只要模型能在既定的条件约束下有效接近真实世界系统，完成既定条件下的目标，就可以说此模型是有效的。系统动力学可以将真实世界系统的结构与决策用动态的试验模型表示出来，并进行仿真运行，得到的仿真结果可以作为参考反馈信息来指导对所建模型的修正并改进，或重新制定策略，然后将新的策略在系统模型中继续进行仿真，分析并比较结果，进一步改善模型和策略，直到所构建的模型更接近实际情况并满足要求。这个循环过程必须遵循一定的原则，也就是系统动力学的建模规则。

1）明确系统的范围及建模的目的

这里的主要内容包括明确所要研究的问题，明确建模的目的，界定所研究系统的范围。

2）确定决策心智模型

决策心智模型的建立主要是利用系统思考的观点和方法，整体、系统地考虑所研究对象的系统问题。心智模型是指导系统动力学模型构建的纲领，

构建模型的因果关系反馈环路图、模型流图等都必须围绕心智模型展开。

3）构建系统动力学模型

构建系统动力学模型主要包括系统概念结构图的构建、因果关系反馈环路图的构建、系统动力学流图的构建。概念结构图是系统结构的整体反映，包括系统成员的确定及系统业务流程的确定；因果关系反馈环路图是对系统问题的定性描述，是系统动力学后续建模仿真得以顺利进行的基础，包括所研究系统问题的主要相关变量的确定及各变量之间的因果关系和反馈环路结构的确定；系统动力学流图是根据因果关系反馈环路，利用系统动力学特有的描述各种变量及其相互关系的符号绘制而成的，包括系统动力学详细流程图的构建及系统结构的数学或逻辑关系的确定。

4）测试与仿真模型

测试模型的主要目的是保证和提升模型的稳健性和有效性，使得所构建的模型能为决策设计提供科学、有效的参考。对此，费雷斯特和斯特曼（Forrester & Sterman）等经过研究，提出了针对系统动力学模型有效性、稳健性等的相关测试方法，其中核心测试内容包括：模型范围适合性测试、模型结构测试、量纲一致性测试、参数验证测试、极端条件测试、行为再现测试、行为异常测试、敏感性测试等。模型的有效性得到验证后，设定好相关变量的初值及仿真运行参数便可对模型进行仿真；进一步对仿真结果进行分析，找出系统结构或策略的缺陷与不足，确定是否修正模型结构、参数或改进相关策略，然后再进行仿真，使模型和策略更接近于现实世界的真实系统。

5）设计与评估策略

根据前面得到的仿真模型与仿真结果，可进一步探讨其在现实世界中的应用与实施方法；各种不同情境的设计与描述，适用于何种环境；决策的设计及应用，如何应用于真实世界；评估所设计的决策将产生什么影响及反应，等等。

从系统的角度来看，人力资源管理外包是一个由各种因素所构成的具有特定功能的有机整体，这个系统包含外包企业和外包商两个子系统，而

这两个子系统还包含着众多的部门，这些部门在执行各自职能的过程中和外界环境以及部门之间不断地进行着各种信息、实物以及资金的交换。这些都决定了人力资源管理外包可以看成一个动态的复杂系统，而人力资源管理外包的目标就是协调这个动态系统的各个子系统，保证整个系统发挥最大的效率和功能。本章选用系统动力学理论和方法，首先分析人力资源管理外包过程中风险的信息反馈结构与机制以及相互因果关系，绘制出系统因果关系图与系统动力学图；之后应用系统动力学专用计算机语言Dynamo语言，建立可以在计算机上运行、人-机对话式的程序模型，对模型实行仿真检验，对人力资源管理外包过程中风险的发展趋势进行模拟，并对模拟结果进行分析。

6.1.2　人力资源管理外包风险分析

系统总是存在于一定的环境之中，受环境的影响和支配，反过来又作用于环境，并在环境中实现自己的功能和价值。人力资源管理外包风险系统也不例外。从系统与外界的关系看，与系统对应的是系统的环境，可以从系统的外部环境和系统内部两个方面分析人力资源管理外包的主要风险因素。一方面，人力资源管理外包与其他许多事物一样存在于一定的社会和自然环境中，肯定会受到自然环境因素、经济环境因素以及政治法律环境因素等外部环境因素的影响。另一方面，人力资源管理外包还有其特殊的系统内部特征，这些特征决定了人力资源管理外包特定的风险影响。系统内部包含着多个子系统，子系统的因素以及子系统之间的关系决定了整个系统的特征。人力资源管理外包包含着企业、外包商、企业服务对象等几个子系统，这些系统之间存在着许多信息流及管理活动，这都属于人力资源管理外包的系统内部特征。

从人力资源管理的外部环境以及系统内部特征的分析，我们可以进一步知道，人力资源管理外包活动可能对企业造成的风险包括：导致企业成本上升，企业人力资源管理质量下降；企业内部信息及核心管理权利逐渐被外包商掌握而导致企业管理失控；企业和外包商之间的企业文化和员工素质不同导致文化差异,等等。通过以上分析,我们可以把主要的人力资源风险因素分为四个方面,即质量风险、成本风险、失控风险以及文化差异风险。根据国内外的实证研究结论,本章选取 15 种关键的风险因素进行建模,分别包括:逆向选择,外包商企业质量,企业价值链及管理工作的整体性,人力资源管理外包活动的选择,外包过程中权利、责任分担,信息安全,企业商业机密的管理,企业员工的态度,合同管理,沟通与协调,向独立管理过渡,企业管理能力,企业学习能力,文化融合,道德约束。人力资源管理外包风险因素之间的因果关系如图 6-1 所示。

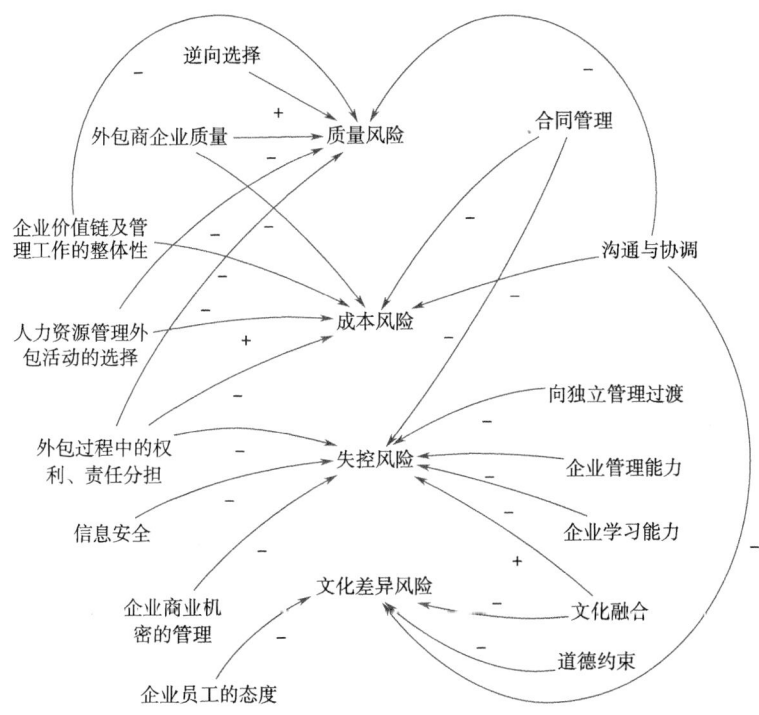

图 6-1 人力资源管理外包风险因素之间的因果关系

6.1.3 人力资源管理外包系统动力学模型

前面分析了人力资源管理外包的风险因素子系统。从系统动力学的观点看,人力资源管理外包风险系统是一个负反馈系统,对于整个人力资源

管理外包系统风险的具体反馈回路是人力资源管理外包风险因素、人力资源管理外包风险绩效、人力资源管理外包风险管理、人力资源管理外包绩效与期望绩效差距等几个子系统。这个系统包含了反馈系统的期望目标、偏差、校正量和系统状态几个基本单元。当人力资源管理外包风险因素增加时，会导致人力资源管理外包风险增加，风险的增加会降低人力资源管理外包绩效，进而增大与期望目标之间的差距；差距越大，越激励企业进一步加强风险控制策略来减少风险因素，降低外包风险；这样一直循环，直至达到企业的期望目标，系统将处于稳定状态。人力资源管理外包风险因果关系如图 6-2 所示。

从图 6-2 可以看出，系统中每一个因素之间都会相互影响。因此，为了提高企业人力资源管理绩效，增加企业效益，就必须加强人力资源管理外包风险管理，控制人力资源管理外包风险，提高人力资源管理外包绩效，缩小人力资源管理外包绩效与期望绩效差距。

对于人力资源管理外包风险管理，主要是通过外包之前的外包决

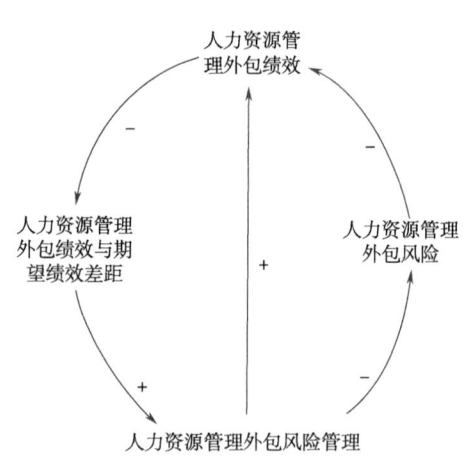

图 6-2　人力资源管理外包风险因果关系

策和外包之后的外包商绩效评价来完成的。对于外包商绩效评价的指标，我们归结为服务质量、服务价格、企业素质、服务时间等几个方面。对于外包决策，主要是考虑经济成本、技术优势、管理效率、竞争优势、风险控制等几个方面。目前，随着管理外包研究的不断深入，外包商绩效评价方法以及外包决策方法逐渐成为研究的热点，但在此只作为我们研究的一部分，故不再赘述。对于整个人力资源管理外包绩效，我们认为应该从人才优化、管理水平、成本以及企业核心竞争力等几个方面进行评价。基于以上人力资源管理外包因果关系图和对子系统的探讨，我们建立了人力资源管理外包风险系统动力学模型，如图 6-3 所示。

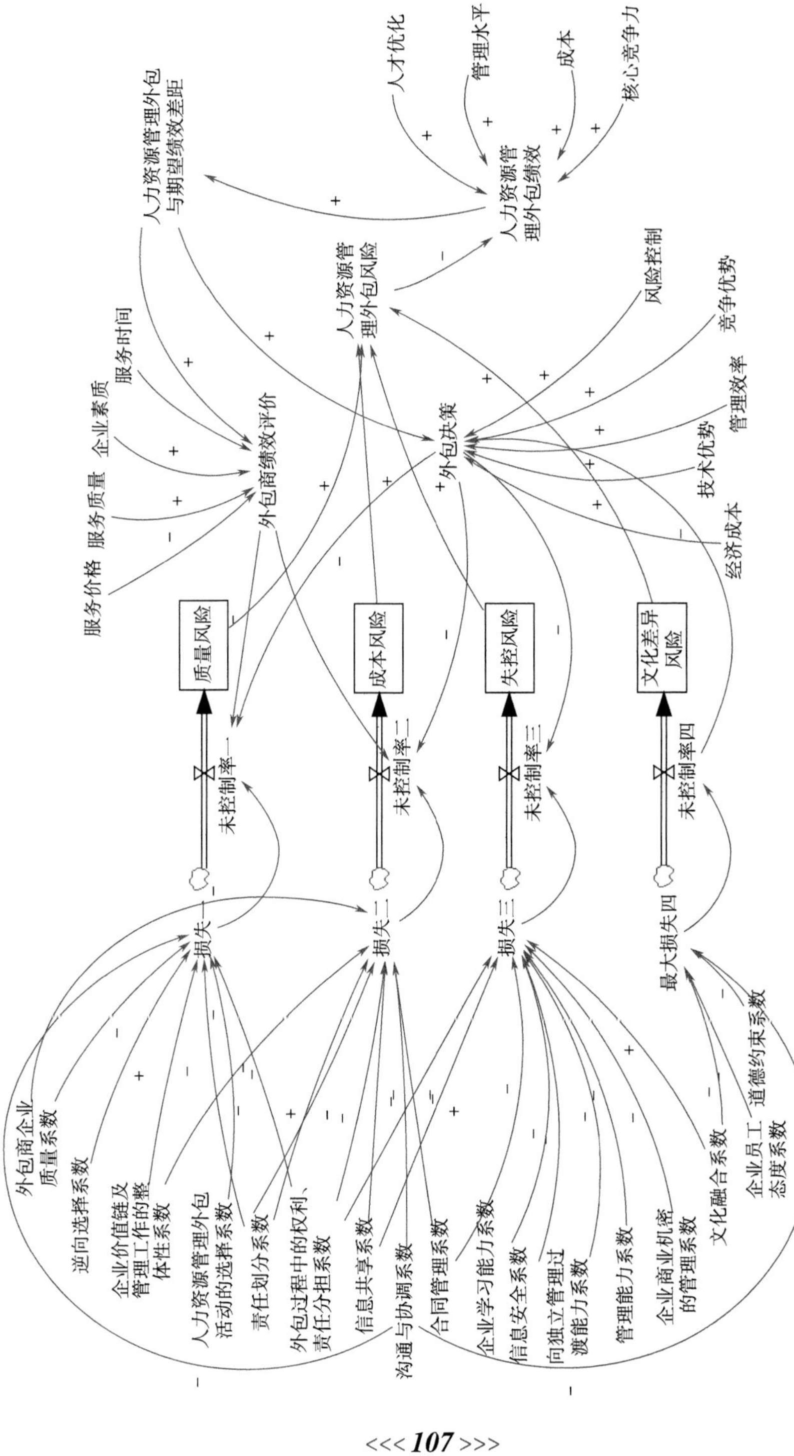

图6-3 人力资源管理外包风险系统动力学模型

从人力资源管理外包风险系统动力学模型可以更为清楚地看出人力资源管理外包风险、人力资源管理外包绩效、人力资源管理外包风险管理等几个子系统之间的构成和反馈关系。这样可以较为清晰地描述影响反馈系统的动态性能和积累效应，有助于进行动态分析。

6.2 人力资源管理外包风险系统仿真

6.2.1 主要参数的确定

对于模型中无法取得的数据，我们根据经验对初值进行了估计。由于系统动力学模型的基本结构决定了整个系统的特征和发展趋势，模型的行为对参数初始值的设定并不敏感，即模型运行的模式主要取决于模型结构而不是参数初值的大小。

6.2.2 模型结构方程

（1）未控制率一＝DELAY3（（外包商绩效评价+外包决策）/2，2）

（2）未控制率二＝DELAY3（（外包商绩效评价+外包决策）/2，2）

（3）未控制率三＝DELAY3（外包决策，2）

（4）未控制率四＝DELAY3（外包决策，2）

（5）损失一＝外包商企业质量/4+逆向选择/16+企业价值链及管理工作的整体性/16+人力资源管理外包活动的选择/8+责任划分/4+外包过程中的权利、责任划分/16+信息共享/16+沟通与协调/8

（6）损失二＝企业价值链及管理工作的整体性/8+人力资源管理外包活动的选择+责任划分/8+外包过程中的权利、责任划分/16+信息共享/16+沟通与协调/8+合同管理/2

（7）损失三＝外包过程中的权利、责任划分/16+信息共享/16+合同管理/4+企业学习能力/8+信息安全/16+向独立管理过渡能力/16+管理能力/8+企业商业机密的管理/8+文化融合/8

（8）损失四＝沟通与协调/8＋文化融合/2＋企业员工态度/4＋道德约束/8

（9）质量风险＝INTEG（损失率一×（1−控制率一），0）

（10）成本风险＝INTEG（损失率二×（1−控制率二），0）

（11）失控风险＝INTEG（损失率三×（1−控制率三），0）

（12）文化差异风险＝INTEG（损失率四×（1−控制率四），0）

（13）人力资源管理外包风险＝ZIDZ（（质量风险＋成本风险＋失控风险＋文化差异风险），TIME）

（14）外包商绩效评价＝服务价格＋服务质量＋企业素质＋服务时间＋WITH LOOK UP（人力资源管理外包与期望绩效差距，[（0，0）−（10，10）]，（0.1，0.6），（0.2，0.65），（0.3，0.7），（0.4，0.75），（0.5，0.8），（0.6，0.85），（0.7，0.9），（0.8，0.95））

（15）外包决策＝经济成本＋技术优势＋管理效率＋竞争优势＋风险控制＋WITH LOOK UP（人力资源管理外包与期望绩效差距，[（0，0）−（10，10）]，（0.1，0.6），（0.2，0.65），（0.3，0.7），（0.4，0.75），（0.5，0.8），（0.6，0.85），（0.7，0.9），（0.8，0.95））

（16）人力资源管理外包绩效＝（人才优化＋管理水平＋成本＋核心竞争力）/4−IF THEN ELSE（人力资源管理外包风险≥25，人力资源管理外包风险/55，−0.45）

（17）人力资源管理外包绩效与期望绩效差距＝期望绩效−实际人力资源管理外包绩效

6.2.3 模拟结果分析

我们利用 Vensim PLE 软件建立了人力资源管理外包风险系统动力学模型来仿真模拟，仿真完成时间为五年，间隔为一个月。为了进一步确定各种风险因素与风险之间的关系，我们采用了专家打分法，对每个总结出的风险因素进行修正，并确定它们对各种风险的影响程度，得出各风险因素对四种人力资源管理外包风险的影响程度。对于人力资源管理外包的四种主要风险的仿真结果如图 6-4 所示。

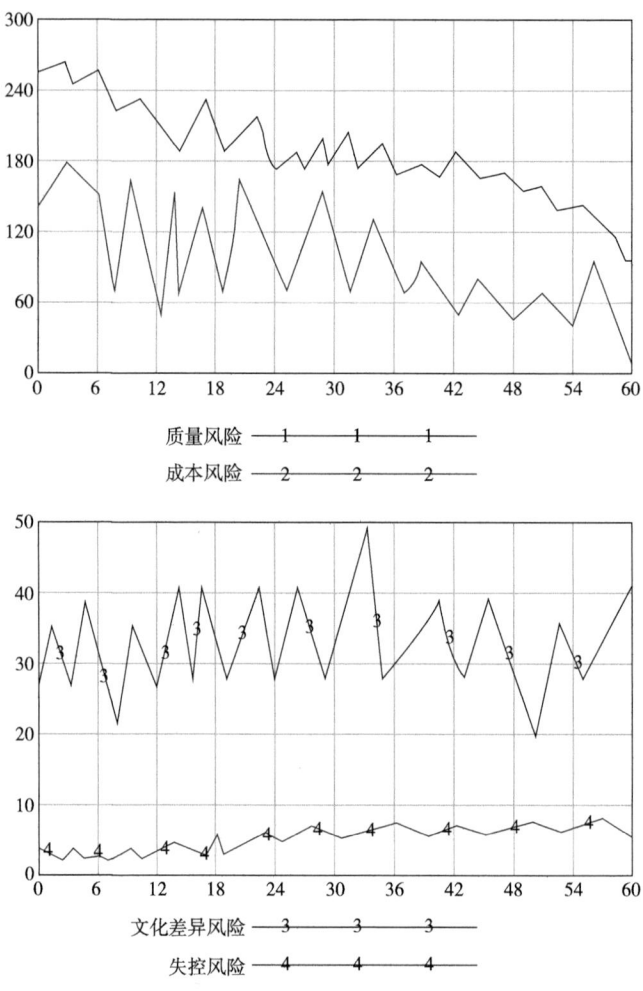

图6-4　人力资源管理外包风险趋势图

从图6-4中可以看出，质量风险和成本风险在模拟区间内呈下降趋势，失控风险在整个模拟区间内总体保持持平状态，而文化差异风险在区间内有一定的上升趋势。成本风险和文化差异风险波动较为剧烈，成本风险在36个月以后才有较为明显的下降趋势。分析以上趋势可以得出结论，人力资源管理外包可在一定程度上降低企业的质量风险，提高企业管理水平。而企业成本风险在人力资源管理外包初期并没有降低，而是在一段时间后才有下降趋势，表明人力资源管理外包对于企业成本的降低存在一定

延迟。文化差异风险在模拟区间内持续振动并没有呈现下降趋势，这可能是由于外包活动关系企业与外包商的企业文化融合问题。由于建立的背景不同，两个企业可能长期存在企业文化冲突，导致企业对外包商的工作并不认同或配合，引起文化差异风险的波动。此外，由于企业在外包过程中不断泄露信息给外包商，因此企业管理能力下降，而单纯依靠外包决策和外包商绩效评价并不能消除这种风险，从而导致失控风险上升。

6.3   本章小结

为了分析人力资源管理外包风险因素以及外包风险的动态特征，本章基于系统动力学建立了人力资源管理外包风险因素因果关系图和人力资源管理外包风险系统动力学模型，并对模型进行了系统仿真。从仿真的结果可以看出：

首先，质量风险和成本风险在模拟区间内呈下降趋势，失控风险在整个模拟区间内总体保持持平状态，而文化差异风险在区间内有一定上升趋势。成本风险和文化差异风险波动较为剧烈，成本风险在 36 个月以后才有较为明显的下降趋势。

其次，通过人力资源管理外包可以在一定程度上降低企业的质量风险，提高企业管理水平。而企业成本风险在人力资源管理外包初期并没有降低，而是在一段时间后才有下降趋势，表明人力资源管理外包对于企业成本的降低存在一定延迟。文化差异风险是由于外包活动关系企业与外包商的企业文化融合。由于建立的背景不同，两个企业可能长期存在企业文化冲突，导致企业对外包商的工作并不认同或配合，引起文化差异风险的波动。此外，由于企业在外包过程中不断泄露信息给外包商，因此企业管理能力下降，失控风险上升。

最后，单纯依靠本章中的外包决策和外包商绩效评价并不能消除失控风险，需要企业着重加强核心信息的管理，并且在外包决策和外包商绩效评价过程中进一步增加分析的因素。

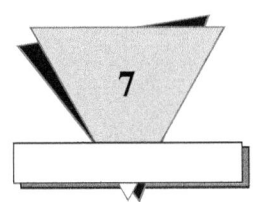

7

我国企业实施人力资源管理外包策略研究

企业必须从全局出发，通过分析企业内部人力资源管理现状以及外部外包服务市场的发展情况，结合本企业的发展战略和实际需要，决定哪些管理项目应该外包出去，哪些工作应该保留。企业的决策者首先要考虑整个项目或业务的功能，并把每项功能细分成某些具体的活动，然后再考虑每一项活动的战略意义。外包工作展开的流程需要紧密结合企业管理的实施过程，使企业在人力资源管理外包项目的选择上，真正做到全面分析、精心策划，力争达到最佳的管理效果。

本章通过分析制约我国人力资源管理外包发展的因素，讨论了人力资源管理外包的基本流程，在此基础上，进一步分析人力资源管理外包的风险机制以及风险控制策略的建立。

7.1　制约我国人力资源管理外包发展的因素

尽管整体经济实力、区域经济环境以及企业文化都会影响企业的人力资源管理外包选择，但以下因素是制约人力资源管理外包在我国发展的更为基础和根本的原因。

1）企业所有制的影响

沿用传统管理模式（行政管理公司）的国有企业，在没有成为利润最大化组织，即具有人均收入最大化目标之前，没有人力资源管理的内在需求。尤其是在经济发展比较落后的西部地区，国有企业的比重大，经营状况比较差，对外包的意愿就更小。而经营机制灵活的民营企业，一方面由于理不清的产权关系和血缘关系（家族企业），无法导入现代人力资源管理理念并实施人力资源的开发和管理；另一方面，在其发展初期，往往依靠企业创始人的独特能力寻求企业扩张，而并未意识到通过规范化的人力资源管理追求长远发展。因此，民营企业很难真正理解人力资源管理外包的意义并选择外包。

2）现代人力资源管理体系没有确立

现代人力资源管理理念在 20 世纪 90 年代才传入我国，在此后比较长

的一段时期内，一些企业甚至还没有规范的人事管理，人事部门大多是由其他部门的闲杂人员拼凑而成的。而相当多企业的观念仍然停留在传统人事管理上，它们对人力资源管理本身不重视，认为这只是一个非生产、无效益的部门，没有必要花费资金用于员工的培训，更谈不上对人才的开发。在传统观念的影响下，人事部门仍以操作性和事务性管理工作为主，不能发挥企业战略规划制订参与者和组织变革倡导者等功能。而翰威特公司的调查研究明确指出，人力资源管理外包的前提是人力资源部门从行政性功能转变为战略性功能，成为决策者的战略伙伴。

3）人力资源管理制度落后

中国企业与跨国公司在管理上的差距体现在两个方面，一是观念的落后，二是制度建设的滞后。观念的落后表现为重守成而轻创新，对企业管理新理论、企业管理环境新变化、企业管理发展新趋势缺少研究，容易停留在过去的管理经验中，用老经验解决新问题。而制度建设的滞后源于东方文化的重"人治"轻"法治"，这是企业向规范化管理转变所面临的一个障碍。对此，韦尔奇曾多次提到，通用电气的成功在于其独特的制度和管理系统。中国企业向跨国公司学习，尤其需要注重制度体系的建立，而不是照搬一些管理的思维。而我国企业的人力资源管理，由于其发展历史较短，企业更多地依赖"人治"，完善的制度体系远未建立。在美国的人力资源管理外包市场上，薪酬设计和发放由外包服务机构基于企业员工的工作绩效考核进行，从而能提高薪酬的透明度，保证薪酬的外部公平、内部公平和个人公平，达到薪酬激励的目的。然而，在我国目前的外包市场中，企业最不愿考虑的就是薪酬外包。这主要是因为企业中存在错综复杂的利益关系和人际关系，使得规范、公平的绩效管理制度不能建立；薪酬管理制度在同行业中，甚至同一集团的不同地区组织之间存在较大差异，使规范的外包机构无法为这样的企业进行薪酬管理。此外，企业也倾向于采用隐蔽的手段发放工资，以此掩饰不公，回避矛盾。由此可见，外包市场成熟的前提是选择外包服务的企业有规范健全的人力资源管理制度体系，而这正是制约我国企业人力资源管理外包需求的瓶颈。

4）雇员规模和劳动力成本的制约

尽管降低经营成本是企业实施人力资源管理外包的主要动因，但是翰威特公司在 2003 年对亚太地区的调查中发现，降低成本并未成为中国企业外包的驱动力。原因在于，当企业雇员规模比较大时，其借助外包商的人均人工成本才会比较低，而在我国，机制灵活、容易产生外包需求的民营企业由于起步晚，规模相对较小，外包需求受到制约。另一方面，我国人力资源数量极为丰富，供求关系决定的人力资源价格比较低，当企业面对低成本劳动力资源时，利用外包来降低经营成本不会成为对企业有吸引力的选择。此外，国有企业由于预算软约束，也没有利用外包降低经营成本的动力。

5）外包商发展滞后

除了企业自身的因素制约了其对人力资源管理外包的需求，外包商也是影响企业外包的重要原因。我国人力资源管理外包服务市场上的供应商包括外资咨询公司、国内咨询公司、个体业主和政府部门下属的公共服务机构。

外资咨询公司最早提供规范化的人力资源管理外包服务，其服务对象从一开始的跨国企业扩展到一些具有国际化经营取向的企业和上市公司。外资咨询公司拥有丰富的人才资源和从业经验，进行规范化的运作，为企业提供"优质"但"高价"的服务。但是，外资咨询公司的服务与我国国情和企业实情脱节的问题普遍存在，使得"高效优质"服务并不能成为最"适宜"的服务。

提供本地化人力资源咨询服务的国内咨询公司是我国人力资源管理外包市场的主体，它们目前还处于初创阶段，规模小，资金实力有限，限制了其所能提供的服务种类。同时，咨询公司良莠不齐，自身的不规范也影响到所提供服务的质量，如服务流程规范，服务定价的科学性和地区差异定价合理性，服务质量保证、跟踪和承诺，服务人员素质、专业化程度及其开发等。此外，不少外包服务机构缺乏一些行业的从业经验和成功经历，不具备该行业客户所信赖的服务资质。

个体业主是指尚未注册企业但从事人力资源咨询活动的个人或群体，如高校里的教研人员、科研机构的研究人员及独立从业的专家。他们以丰富的智力资源和超前的洞察力，凭借所在单位的无形资产，成为企业人力资源管理理念的启蒙者和倡导者，在实践中获得了较好的口碑。遗憾的是，由于他们大多强于理论研究，对于培训之外的人力资源管理活动难以进行系统化的实际操作。而且，个体业主的服务活动具有随意性和非持续性，在一定程度上会影响企业的人力资源管理政策，进而影响企业对人力资源管理外包的需求。

政府部门下属的服务机构则凭借其特殊地位，向企业提供各种培训、人才中介、人事代理服务。隶属于国家行政机构并提供社会公益性服务的特点，使其很难为具体企业的部分或整体人力资源管理需求提供专业服务，更难以成为企业一对一的战略合作伙伴。

7.2 人力资源管理外包实施流程

根据之前对人力资源管理的外部环境以及系统内部特征的分析，我们知道人力资源管理外包活动对企业造成的风险包括：导致企业成本上升，企业人力资源管理质量下降；企业内部信息及核心管理权利逐渐被外包商掌握而导致企业管理失控；企业和外包商之间的企业文化和员工素质不同导致文化差异等。由此我们把主要的人力资源风险因素分为质量风险、成本风险、失控风险以及文化差异风险等四个方面。这些风险贯穿于人力资源管理外包的整个流程，但不同阶段风险控制的重点有所不同。图7-1展示了人力资源管理外包风险控制模式。

1）外包服务内容和目标的明确

在与外包商签订合同之前，企业需要首先明确是否需要进行外包服务，哪些职能可以外包，选择什么样的外包商。这是整个外包活动的开始阶段，也是外包风险控制的开始阶段。

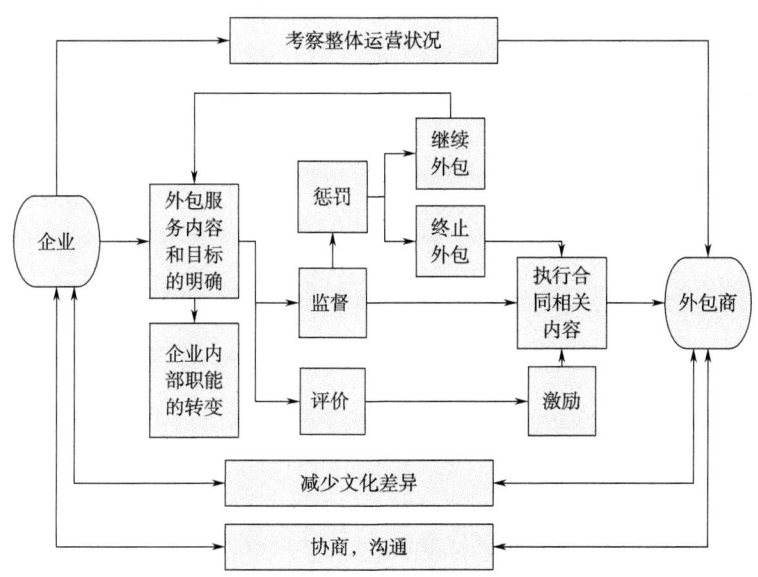

图 7-1 人力资源管理外包风险控制模式

2）外包企业内部职能的转变

与外包商签订合同后，外包工作就正式开始了。如果企业将比较重要的人力资源管理活动实施外包，人力资源管理部门的工作就可能发生根本性的改变，因而要进行风险防范就必须先从转变自身职能开始，明确外包后人力资源管理部门的角色并对相应的工作进行分工。

3）实施外包后，企业不能忽视对外包商的评价与管理

一方面，需要对外包商是否按照合同基本要求完成工作、是否发生合同明确规定的违规行为进行监督。为了保证外包工作朝着企业期望的目标发展，无论采用哪种外包方式，都应该对外包商进行恰当的监督。另一方面，还要对外包商进行激励。激励是指企业实施外包后的绩效达到合同规定的最低水平，为了鼓励外包商进一步努力工作，达到更好的工作效果，企业对外包商进行的奖励。外包商努力与不努力对战略性外包工作绩效的影响较大，即使没有违规行为，绩效也不一定能达标，因而有必要对外包商实施激励。但激励对非战略性外包绩效影响不大，如果不想与外包商发

展长期合作关系，可以不进行激励。

4）实施文化差异风险管理

外包过程中，企业与外包商需要形成良好的、较为亲密的合作关系，但双方的文化差异是合作的障碍。人力资源管理外包的实施常涉及不同的企业，甚至不同国家企业之间的资源整合，常常面临文化差异带来的摩擦和冲突，在实施跨文化管理时，应强调形成目标一致的团队文化，建立起信任关系，即通过充分的沟通和相互理解来消除习惯性的防卫，建立诚实互信的关系，加强各方的合作与协调。一方面，双方应该在尊重对方企业文化的基础上，本着互惠互利的原则进行合作。企业实施跨文化管理不是要改变自己的企业文化，更不是要改变外包商的企业文化，而是尽量去了解对方的文化，找出双方文化的不同点，通过沟通、交流，相互包容，相互理解，在共同的目标下进行亲密合作。另一方面，企业采取外包战略必然会打乱之前的管理程序，也会面临更多的不确定性，因此，要营造一种不断学习的组织文化和信念，学习新的管理手段和管理理念，学习适应时代发展的新技术，克服传统观念，树立快速反应的竞争理念。在企业内部，要实施对员工的灵活管理，增强上下级的沟通，避免僵化的管理方式，跟上市场变化的步伐，灵活应对各种突发事件。

5）考察外包商企业总体运营情况

为了防止出现外包商解散、破产的风险，企业在对外包活动进行监督、评价的过程中，也要对外包商企业的运营、财务、业务等方面按时进行考察，了解其发展情况。如果发现外包商经营业绩下滑，组织、人员等发生很大变化，要及时作出相应决策，尤其是在长期的外包合作中，要避免由于外包商的经营问题影响双方的合作，避免对人力资源管理工作造成影响。

6）与外包商进行沟通交流

无论战略性外包还是非战略性外包，企业都应该定期与外包商进行沟通交流。企业需要了解外包进度、外包质量以及外包过程中出现的问题，并帮助外包商解决问题。而外包商也需要了解企业与人力资源管理活动相

关的各项工作的进展。例如，企业新增加一批退休人员，如果企业已将退休人员管理外包，那么外包商的工作量就会有所增加，他们应该对新退休人员的具体情况进行了解。

7）成本约束

防范风险的各项措施都是需要企业投入成本的，企业防范风险的目的之一就是控制外包成本，如果实施各项防范措施不考虑成本的约束，就不能达到有效防范风险的目的。因此，在进行风险防范前要充分做好成本分析，制定最高成本承受范围。当实施过程中的成本超出预算时，要及时改变策略，保证风险防范取得的收益大于投入的成本。

为了克服以上外包风险，更加有效地开展外包工作，需要建立一套相对健全的实施流程。人力资源管理外包过程可以归纳为四个阶段：探索阶段、商议阶段、转型阶段和评估阶段，如图 7-2 所示。

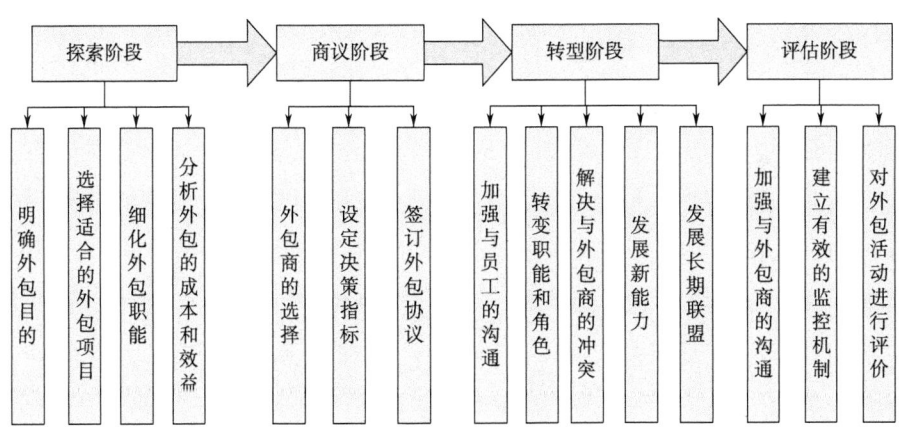

图 7-2　人力资源管理外包流程

7.2.1　探索阶段

1）明确外包目的

探索阶段首先要明确外包的目的，成功的人力资源管理外包必须具备清晰的短期目标和长期目标。首先，企业的高层领导必须取得对人力资源

管理外包策略的明确一致的肯定态度。然后，应成立由人力资源高级主管领导的外包项目团队，对整个业务以及企业的个性和文化进行考察，确定外包方案如何适应企业的个性和文化，以及如何充实其目标。比如，如果企业计划快速扩张，那么外包方案中很重要的一点是外包商能否迅速有效地帮助企业修改现有计划，增加雇员、办事处和额外的服务。

根据企业目前的战略发展目标，结合本企业人力资源的实际情况，通过利用人力资源管理外包决策工具，可确定哪些人力资源职能应当外包，甚至将人力资源职能全部外包出去。人力资源管理外包的初始成本可能会比较高，比如人员安置费用等，但是从长期来看，这种投资是值得的。因此，在开始外包时，要做好财务预测，同时确立外包计划中的分阶段目标。企业应当考虑自身的个性及文化、经营战略等，确立人力资源管理外包的短期目标和长期目标，并在企业内部达成共识，作为开展外包工作的依据和整个企业一致努力的方向。这是外包取得成功的第一步。

2）选择适合的外包项目

人力资源管理活动包括人力资源规划、人员招聘、职业生涯管理、薪酬福利管理、劳动关系、培训与开发、企业文化建设、人力资源信息系统、外派人员管理等，企业需要确定哪些部分需要外包，哪些不能外包。外包的方式包括短期外包和长期外包，部分外包和整体外包。外包方式的选择不仅会影响企业的内部管理，同时也影响绩效。企业需要考虑组织的需求和外部的市场环境因素，并根据自身的实际情况选择适合的外包方式。

3）细化外包职能

在选择适合的外包项目后，需要对项目的分工进行具体细化，其目的是便于之后制订详细实施计划和进行成本核算，以更加精确地衡量和控制风险。

4）分析外包的成本和效益

企业在实施人力资源管理外包战略分析时，应从成本效益的角度出发，对成本、效益进行更深入、更全面的分析，全面审核与外包管理活动

相关的、所有当前及未来的成本，加强对有形成本及无形成本的控制，并对外包程序、服务改进所带来的收益进行分析。例如外包员工福利管理业务可以降低风险、简化人力资源管理结构、提高服务质量等。在进行人力资源管理外包时，大多数企业都关心所付出的成本以及可能得到的收益。这是企业选择外包的主要驱动因素之一，因为企业关注的焦点是利润。很多企业使用一种简单的衡量标准：先计算现有工作人员完成某一特定活动的成本，包括薪资、福利、办公室、电话、计算机设备等，再将此成本与该活动外包的成本进行比较。但是，成本只是其中的一个因素，还有许多需要考虑的无形成本，如员工的满意度、现有人员的能力、企业的技术现状等。企业要考虑到底什么可以带来最高的回报率和最小的组织混乱。除此之外，企业必须比较备选人力资源管理外包项目带来的收益以及可能由此引发的隐性成本，可使用专家评估法，由企业内外部专家对已细分的收益和成本进行打分。由于各公司的文化和经营风格不同，高层管理者对所获收益的偏好和承担风险的能力也有不同，所以可以对每个细分因子拟估权重。

7.2.2 商议阶段

1）外包商的选择

企业人力资源管理外包中，很多风险的产生都源于外包商。因此，选择合适的外包商，是外包过程中非常重要的一环。企业除考虑价格因素外，更应对外包商的整体能力进行综合评估。例如，外包机构的文化是否与本企业的文化有冲突；其所设计的方案是否真能为企业量身打造，并能够与企业的其他部分整合为一体；其在业界的声誉、以前的业绩状况、目前的财务状况等能否支持这一业务；其对本企业所在行业的了解程度，等等。企业除事先对外包商以前的客户作深入的调查与核实外，还应该制定尽可能详细周密的外包协议，以此来规范和约束对方的行为。

对外包商的评估，首先是业务能力和专业技能的评估，主要包括：评估外包商提供必要服务的能力，以及对当前和未来要求的支持能力；评估

外包商在提供外包服务时所涉及的合作伙伴；为了避免风险，企业要识别外包商所欠缺的、需要企业提供补充的领域；要考察外包商在未来运行环境中提供服务的经验；评估外包商的应急能力；实地考察外包商的信誉和服务水平等信息；考察外包商关键人员的业务能力。其次是运行与控制能力的评估。审查外包商所提供的标准、政策和程序是否满足外包项目运行和控制的要求，包括内部控制、业务管理、商业秘密保护、雇员背景的审查；评估企业是否能够完整而准确地访问外包商运行的信息。最后是对外包商财务状况的评估。分析外包商已审计的财务报告、年度报告和其他因素；考察外包商从事外包业务的时间、市场份额以及波动因素；评估外包商的技术费用支出，确定它们在业务方面的投资水平是否能够支持外包项目。

2）设定决策指标

在正式实现人力资源管理外包之前，企业需要根据目标进行外包项目的决策。人力资源管理可以看作一个包括多个管理项目的复杂系统，面对众多的人力资源管理项目，如何选择人力资源管理外包项目及其优先顺序，成为人力资源管理外包成功与否的关键。实施人力资源管理外包的战略，必须决定哪些人力资源活动应内部化，哪些人力资源活动应外包，这可使用交易费用经济学和以资源为基础的观点分析。交易费用经济学认为，理想的管理模式取决于它对特定组织的独特性。就人力资源而言，独特性越高的人力资源活动就越应由组织内部规划。企业应把精力集中在对其核心竞争力有重大作用的业务上，而把其他业务外包。交易费用经济学强调的是资源的独特性，而以资源为基础的观点强调的是资源活动的价值。将独特性和价值两方面相结合，就能形成一个判断标准，以确定哪些人力资源管理活动需要外包。

人力资源管理功能的价值取决于它是否对组织提高效益和效率、开发市场、消除潜在的危机等具有战略作用，即是否能帮助企业提高核心竞争力。显然，应将那些高价值的人力资源活动内部化，而将那些低价值的活动外包。人力资源活动的独特性是指企业内部的独特性和外部的稀缺性。

同样，企业应将那些独有性和稀缺性强的活动内部化，对一些通用和标准化的人力资源活动则应实施外包。目前，定性方法为人力资源管理外包项目的决策提供了良好的理论依据和参考，但是对各人力资源管理项目外包的可能性、优先性等的决策还需要借助更为精细的定量方法来判断和分析。

3）签订外包协议

企业和外包商之间具有强制约束效力的就是合约，完备的合约可以降低，甚至消除外包中的代理风险。尽管完备的合约在实际合作中很少能够实现，但是通过信息的收集和评估，可以尽可能地完善合约，这样就可以通过合约的管理来降低外包合作中的道德风险。外包协议中应当包括以下内容：

（1）服务范围和绩效标准。外包协议的开始部分就是服务范围和绩效标准。企业应当仔细检视将要外包出去的功能或流程所完成的全部任务，并且在合同中把这些任务罗列出来，指明哪些任务由企业继续保留，哪些由外包商来完成，从而确保每项任务的责任都得到了明确的落实。企业同样需要详尽地列出绩效标准，每一项重大活动至少有一个评判标准。

（2）外包的费用构成。外包协议应该详细描述费用与基本服务的费用计算，包括所有服务及特殊要求所收取的费用。任何与合同规定的条件不符的费用变化，都应当在合同中具体描述，并作出对增加费用的限制。同时，针对业务量和服务业绩，明确激励条款和惩罚条款。

（3）对外包安全性和保密性的要求。在外包协议中，企业应该强调外包商对外包资源的安全性和保密性的责任；外包合同要禁止外包商利用和披露企业的信息，防止未经授权的信息被竞争对手所利用。

（4）对外包商执行外包项目的审计要求。企业应当明确它有权获得外包商的审计报告（如财务、内部控制和安全评估），合同可以规定审计的次数，还可以具体规定企业检查外包商操作活动的权利和外包商定期提交外包报告的义务。

（5）分包合同与多重外包服务。一些外包商可能会与第三方签订为企

业提供服务的合同。为了提高可靠性，企业要指定一个总外包商，并与之签订合同，要求无论是哪个外包商向企业提供具体的服务和操作活动，都应该由总外包商承担责任。

（6）明确双方责、权、利的关系。合同中应详细注明合作双方的责任、权利、利益，以及对可能出现的例外情况的特殊处理等，明确相应的违约责任，还可加上双方约定的其他条款。

7.2.3　转型阶段

1）加强与员工的沟通

人力资源实行外包管理，打破了企业原有的平衡稳定关系。作为一种对传统人力资源管理模式的深刻变革，外包意味着会发生各种利益的再分配，难免遭到来自员工和人力资源部门等各方面的阻力，从而使得外包进程步履维艰。因此，企业的高层领导必须高度关注，对人力资源管理外包给予充分的重视，妥善解决企业内在的问题，赢得员工的肯定和支持，为成功实现人力资源管理外包做好充分的准备。人力资源管理外包策略实施初期，由于员工对此缺乏深刻的认识和了解，肯定有一定的抵触情绪，导致企业员工人心涣散，工作积极性下降。为此，必须对人力资源管理外包进行必要的宣传，循循善诱，与员工进行开诚布公的沟通，解释外包的必要性和可行性，尽量使员工在理解和满意的情况下接受变革。另外，还要取得员工的信任，让他们了解自己在外包中所扮演的角色，以激发员工的积极性，做好本职工作。

2）转变职能和角色

随着管理外包的实施，人力资源管理部门要从低层次的、重复性的、事务性的工作中解脱出来，开展与企业战略相关的人力资源管理核心业务，很多职能将交由外包商来执行。这是一个专业化的过程，人力资源管理部门要随之转变职能和角色，真正使其战略职能从单纯的执行者转变为评估者和监督者。

3）解决与外包商的冲突

在长期的合作过程中，冲突是不可避免的。冲突发生时，双方应积极地采取有效措施去解决问题而不是任其蔓延。管理好伙伴关系需要有耐心和面向未来的胸怀。很多时候，良好的伙伴关系是在冲突和压力之下得以发展和强化的。冲突一般有以下几种类型：

（1）不合格的业绩。这是最常见的问题。此问题需要企业持续地检查、衡量外包商业绩的衡量标准和计算方法。企业可按照合同规定对外包商作出处罚，但处罚的目的是促使其改进工作。

（2）收费太高。一方面，外包商可能企图把自己的管理费用更多地分配给企业。企业必须严密监视这些管理费用的变化情况，并检查分配方案是否合理。另一方面，外包商还会尽量缩小底线服务的范围，把更多的服务归到收费更高的额外服务的范围内。在此种情况下，企业需要和外包商不断地就底线服务的定义进行磋商。

（3）人员问题。在外包商分配给企业的外包项目的员工离职后，外包商可能迟迟不填补合适的人员，对此企业应提出警告，如果由此导致服务水平下降，企业有权对外包商作出处罚。另外，员工职位越高，企业支付给他们的工资也越高，所以外包商有时会提升一些水平一般的员工。企业应要求外包商提供相关员工的简历，如果简历显示没有足够的资质，企业可以限制对他们的提升。

4）发展新能力

在外包实施过程中，随着独立组织日益成为与其他公司紧密联系、相互依赖的虚拟组织的组成部分，人力资源管理人员的角色应由某领域的专家转变为有开阔战略视野的通才，他们应掌握大量信息，和内外部资源拥有者建立良好关系。与掌握理论原理、技术专长方面的知识相比较，掌握所在领域与外包商方面的知识更为重要。现代信息技术在整合各项外包的人力资源活动方面发挥着越来越重要的作用，迅速适应、掌握IT技术并深入挖掘其在虚拟化人力资源管理方面的巨大潜能，将是摆在人力资源部门和人事经理面前的艰巨任务。

5）发展长期联盟

在筹划准备工作基本完成后，项目团队就要着手寻找合适的外包商。这一步在外包过程中占有极为重要的地位。如果选错对象，企业可能蒙受巨额损失；如果选对合作伙伴，对于合作双方则是一个"双赢"的开始。企业可以通过各种渠道来寻找潜在的外包商。例如，企业可以向一些有相关经验的同行请教，好的外包商往往有好的口碑。外包商的自我宣传通常只会展示自己正面的信息，而对不利部分则避而不谈。企业还可以尝试在网上搜索外包商目录。通过在搜索引擎上设定一个搜索条件来发现外包商。网上可以看到这些外包商的介绍，如从业年限、拥有客户数量等。有时，一些行业的专业期刊上也有一些实力雄厚的外包商广告，不妨打电话过去直接咨询。至此，企业才能确定初步的外包商名单。外包商不是越多越好，通过几个简单问题，就可以发现有很多外包商根本不符合条件。如果备选外包商太多的话，后面的遴选工作量就会很大，在时间有限的情况下，评估者很可能会作出草率的决定。

7.2.4 评估阶段

1）加强与外包商的沟通

公司人力资源部需要与外包商随时保持有效沟通，及时快速解决突出问题。员工总是会产生这样或那样的问题，有些是外包商曾经遇到过的，有处理经验；而有些则是前所未有的，对这类问题公司必须指定外包商的某个负责人出面解决，避免外包商对于一些棘手的问题相互推脱，延迟处理。理想的情况是外包商设立服务中心，企业员工可随时拨打热线电话反映问题。在热线电话接入时，由指定的外部专家对所反映的问题作出回答，不能当时解答的也要约定时间答复，随时了解问题进展，确保及时解决。整个外包过程的关键在于沟通，包括书面的、口头的和交互式的，最糟糕的是不能及时、诚恳和经常地沟通。

2）建立有效的监控机制

企业应该在最初与外包商签订合同时，就与之沟通双方期望达到的绩

效水平并建立衡量标准，包括各个阶段标准和最终成果标准，以此作为依据来评价外包商所提供服务的质量，一旦发现问题及时解决，以使企业业绩得到持续改进。企业要明确所期望的外包商所能提供的绩效准则，这样可以让一些无力达到此标准的外包商自觉提早退出。外包商还可据此确定承包项目所需的人手，因为不同的标准所需的人力是不同的。企业在成本绩效分析时应对能承受的外包价格有大致的估算，在此企业可以向外包商出示自己的心理价位。企业还可以提示外包商最后的底线价格应包括绝大部分服务内容，并且只有在给企业带来明确的绩效改进和成本节约时才会酌情提价。企业应说明万一外包商未能达到特定的服务水平，企业有权对其作出处罚。外包商一般都会尽量避免处罚，在此作出明确规定可以为将来双方就此问题正式谈判奠定基础。任何健康的商业关系都需要定期的监测和控制。因此，外包合同应包含设立联合监督委员会的条款。委员会的成员要来自外包商和企业两个方面。这个监督委员会应设立解决问题和评估业绩的程序。监测工作应当覆盖服务水平、顾客满意度、成本和既定目标实现程度等所有领域。委员会可定期召开会议并编制业绩评估报告。评估报告会让外包商及时得到其业绩测量结果和其他活动执行情况的反馈。监测结果可以提示企业和外包商为了取得关键性的目标必须采取哪些行动。企业内部的审计部门还应定期审核外包商送来的账单，以防出错。最后，为了解决激励问题，外包合同还要规定有关奖励和惩罚的条款。

3）对外包活动进行评价

企业在收到各潜在外包商交回的建议书以后，项目团队要仔细地审核上面的各项内容，使用一系列预先设计好的标准来评估外包商的资质，并且分配好不同的权重标准，以找到最佳候选外包商。这些评估标准有：

（1）价格。价格显然是很重要的一个标准，但这并不意味着报价越低就越有竞争力。事实上，如果某个外包商的报价明显偏低，很有可能不能提供合格的服务，即所谓的低质低价，或是误解了服务项目的范围。有些外包商会以很低的底线价格来提高中标机会，但将来很可能要求额外的服务价格来弥补损失。企业对这种伎俩要有所警惕。总之，企业要确保在可

比的前提下来比较各个外包商的报价。

（2）经验。和一个没有经验的外包商结成长期伙伴关系是有风险的。企业要检查潜在外包商是否承担过类似的项目，结果如何。企业还要仔细审核外包商委派的工作人员的具体资历，包括从业年限、教育背景和技能水平等，防止外包商虽知名但给企业分配的员工资质平平。

（3）财务状况。外包商财务状况也是企业需要重视的因素之一。因为如果潜在的外包商财务状况很差，就有破产和被收购的可能。破产所产生的风险自不待言，万一被收购的话，新的公司未必对旧的外包合同有兴趣。如果新公司与企业终止外包，同样会使企业措手不及。

（4）名声。企业不仅要听取那些潜在外包商的自我评价，还应积极走访曾经和其合作过的单位以及推荐人等详细探询他们的合作感受，比如是否按时完成承诺的服务，是否在额外服务上要高价，是否具有合作精神，员工素质如何等。项目团队应努力多挖掘一些这样的客观材料。

（5）文化兼容性。一旦和某个潜在的外包商签订外包合同，两者将保持相当长时间的紧密合作关系，如果两个单位的管理风格和企业文化互不相容，合作过程就不会顺畅，伙伴关系也难以维持。因此，项目团队应当对潜在外包商的管理层进行比较深入的访谈，多和他们的员工交流，准确把握外包商在文化上的特点。

总而言之，企业应通过一系列标准找到一个在报价、经验、声誉、财务状况和文化兼容性上都比较理想的合作伙伴，而不能基于一两个标准（尤其是价格）来草率地作出决策。一些额外的调查工作可能会费事费力，但相对于一个错误的决策而造成的损失，这些成本显然是值得付出的。

7.3 人力资源管理外包风险机制的建立

目前，由于我国尚无专门的、完善的法律法规来规范外包行业的运作，所以企业实施人力资源管理外包的风险是显而易见的，目前来说，至少存在信息风险和道德风险。信息风险主要来自企业因非对称信息影响而

误选不适合自己的外包商；道德风险主要发生在与外包商进行合同管理的过程中。因此，企业在进行人力资源管理外包时，应加强监控机制的建设，与外包商保持良好的关系，保持畅通、有效的沟通渠道，通过与外包商签订有约束力的合同而把风险降到最低。同时，企业应建立风险预警管理体系，时刻关注外包进程的变化，防患于未然。

人力资源管理外包的风险存在于外包工作实施的整个过程。因此，构建企业人力资源管理外包风险防范机制，增强企业的抗风险能力，有效应对不良后果，扩展企业的生存发展空间，是当前必须重视并研究解决的一个重要课题。当前，企业在应对人力资源管理外包风险方面存在以下突出问题：首先是理念不到位。企业内部各个层面的外包风险管理理念还没有完全到位。其次是防范机制单一。企业人力资源管理外包风险防范尚未形成全方位的有效机制。一些措施往往是临时性的、局部性的，相互之间缺乏有机联系，很少全面考虑构建符合现代企业要求的风险防范机制，以增强企业对风险的预测能力、评价能力和控制能力，因而会出现被动局面。最后是运用技巧不高。企业管理层对国内外企业应对风险的策略没有认真地消化、吸收，思路不够宽广，应对策略比较单一，尤其不善于运用多种力量应对风险。

鉴于以上问题，企业迫切需要建立一套合适的人力资源管理外包风险防范机制。

1）建立外包风险的预警机制

拟实施外包的企业需成立相应机构对外包进行全面策划，管理者应着重分析外包的风险来源，估测其可能产生的后果并界定责任的承担者，通过运用模糊数学知识、概率分析及预测模型等方法来对外包风险进行定量分析与评价，估测风险的发生概率及损失大小、提出可行方案。这种预警机制的目的在于通过预测和分析外包实施中的风险，加强前馈控制工作，从而使可能出现的外包风险损失降到最低。

2）建立外包风险的激励约束机制

在实施人力资源管理外包的企业和外包商通过协议或合约达成一致

后，两者之间就形成了委托与代理关系。这种关系在非对称信息情况下，存在的风险既可能是逆向选择，如外包商有意隐瞒自己的实际情况，使企业无法了解到外包商是否在利用其自有信息更好地为企业服务；也可能是道德风险，如外包商努力程度不足。在双方签订合作协议后，存在的风险主要是道德风险，针对这种风险可以采取的有效措施除了监督之外，主要是显性的激励契约设计。企业设计对外包商的激励报酬机制时，要考虑该报酬必须与其承担风险的成本相平衡，由此建立起符合双方利益、风险共担的激励约束机制。

3）建立外包风险监测与控制机制

建立外包风险监测与控制机制是外包项目整个生命周期中一个持续进行的过程。随着外包项目的开展，风险会不断变化，可能会有新风险出现，而预期中的风险也有可能会自行消失。

（1）项目风险应对审核。风险审查员检查和以文字记录诸如避免、转移或缓解等风险应对措施的效果，以及风险承担人的有效性。此项工作在整个项目生命周期内应持续进行。

（2）偏差分析。偏差分析是按照基准计划费用来监控整体项目的分析工具。此方法将计划的工作与实际已完成的工作相比较，确定是否符合计划的费用和进度等要求。如果偏差较大，则需要进一步进行项目的风险识别、定性分析和定量分析。

（3）技术性能测量。将项目实际执行中技术工作方法取得的进展，与项目计划中相应的进度计划进行比较。

（4）风险数据库。对在风险管理过程中收集和使用的数据进行收集、维护和分析，建立一个数据知识库。使用这一数据库，可以帮助整个组织中的风险管理人员随着时间的推移而不断形成风险管理经验的积累。

4）实施外包风险的全过程动态管理

在实施人力资源管理外包后，企业要对其全过程（即从合约的签订到解除）进行风险监控与管理，以便在风险出现后及时采取补救措施，最大限度地保护企业利益。在全过程管理中，企业要制定人力资源管理外包的

总目标和分阶段目标，外包商要根据这些目标，并结合企业实际情况，提出具体的工作计划和组织措施。同时，企业也应该建立相应的同步控制体系和信息反馈系统，跟踪检查和分析外包商行动结果与企业计划目标的偏离程度，并在必要时进行调整。

另外，由于企业所处的外部环境是不断变化的，管理者签订合约时可以采取"短期合作"或"临时服务"等灵活方式，以避免外包实施过程中可能出现因合作中止而产生的违约赔偿。

7.4 结论

本章分析了制约我国人力资源管理外包发展的因素，包括企业所有制的影响、现代人力资源管理体系没有确立、人力资源管理制度落后、雇员规模和劳动力成本的制约以及外包商发展滞后等五个方面。本章还分析了人力资源管理外包风险控制模式，并从探索阶段、商议阶段、转型阶段和评估阶段讨论了人力资源管理外包的基本流程。在此基础上，进一步分析人力资源管理外包风险机制的建立方法。

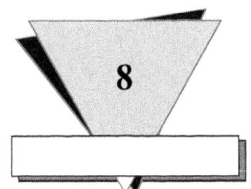

总结与展望

8.1　全书总结

随着社会经济的发展，人力资源越来越受到人们的重视。企业的竞争、国家综合实力的竞争归根结底就是人才的竞争，人力资源是企业获得持续竞争力的潜在的核心资源。因此，人力资源管理成为现代企业管理的核心内容，人力资源管理外包在企业中发挥越来越重要的作用。选择人力资源管理外包，不但可以利用服务机构的专业优势在较短时期内提高企业内部人力资源管理水平，更重要的是可以提高管理效率，降低管理成本，使企业专注于自己的核心业务。当人力资源管理被提升到与企业的总体战略计划相联系时，就要围绕企业的战略目标进行人力资源管理。随着人力资源管理职能的转变，人力资源管理部门要从低层次的、重复性的、事务性的工作中解脱出来，开展与企业战略相关的人力资源管理核心业务，真正实现其战略职能。这就使人力资源管理外包成为可能。

外包给企业带来的优势和可能产生的风险，提高了人们，特别是企业经营者对人力资源管理外包的认识程度和重视程度。对人力资源管理外包全面系统的理论分析和方法研究，为开展人力资源管理外包提供了理论依据和可行的操作方法，使人力资源管理外包的决策和实施更加科学合理。通过对人力资源管理外包决策、外包商评价以及风险分析的研究，可以建立一种企业和外包商之间合作共赢的新的经营理念，推进战略合作伙伴关系的建立和发展，建立健全市场经济体制和运行机制，改善宏观环境，促进我国人力资源管理外包市场的不断完善，使我国的人力资源管理外包业务健康稳定发展。

综合来说，本书得出的结论如下：

第一，当企业与外包商的能力参数满足相关要求时，企业应选择将人力资源管理外包给专业外包商。企业在决定外包后，会将人力资源管理外包给成本优势最大的外包商。如果企业经过理性决策，选择将人力资源管理进行外包，一定会提高人力资源管理带来的总效益。企业将人力资源管

理外包给专业从事人力资源管理的外包商可降低成本，但是由于企业和外包商存在信息不对称，会导致逆向选择和道德风险。收益分享合同可以使企业在选择人力资源管理外包时，提高自身利润和人力资源管理所带来的总利润。在外包的过程中，为了激励外包商付出足够的努力，企业可以采用收益分享合同来约束外包商。收益分享合同可以表示为 $M = \gamma S_w$，$0 < \gamma < 1$，企业可根据需要通过调节 γ 来控制外包商的努力水平。当企业将人力资源管理外包时，企业的努力成本系数 k_m 必然满足使人力资源管理外包时外包商努力水平大于内部人力资源管理时企业努力水平的条件。企业设定最优的收益分享合同可以使专业外包商进行人力资源管理时付出比企业内部更高的努力水平，并且人力资源管理所带来的总利润也会比内部人力资源管理时更高。

第二，人力资源管理外包项目的选择与排序对于人力资源管理外包是至关重要的。根据人力资源管理外包项目的影响因素，本书构建了人力资源管理外包项目评价指标体系，并采用层次分析法（AHP）和熵权法确定了指标权重，利用灰色关联分析方法（GRA）对各人力资源管理外包项目进行了评价、判别和排序，为人力资源管理外包项目决策提供了依据。从组合赋权 GRA 模型结果看，综合考虑竞争优势、管理效率、经济成本、技术优势、风险控制等因素影响，人力资源管理各项目外包具有不同的优先顺序。其顺序为招聘外包、培训外包、福利外包、考核外包和规划外包。这样的排序体现出相关项目与组织战略关系的密切程度，及其对企业获得竞争优势的作用。

人力资源规划项目是组织战略的重要组成部分，对于组织战略的实施具有重要的作用，与企业的自身特点和运行有着密切的联系，因此人力资源规划项目不适合外包。考核项目与企业自身的运行具有密切的联系，考核指标是由组织战略分解而来的，因此与战略具有密切的关系，因此，考核项目外包风险较大。相对来说，招聘项目、培训项目、福利项目对企业竞争优势的影响不如规划和考核项目大，不需要过高的技能，比较容易社会化和标准化，因此，招聘项目、培训项目、福利项目比较适合外包。

第三，对人力资源管理外包商绩效进行评价，是降低人力资源管理外包风险的重要手段。目前对此的研究还比较少，而利用多层次/随机前沿分析（AHP/SFA）综合方法可以避免传统评价的主观性因素，也可以从动态的角度评价人力资源管理外包商绩效的变化趋势和影响因素。实证检验表明，不同备选外包商的绩效是有差异的，多层次/随机前沿综合分析法的结论简洁有效，这为选择合适的人力资源管理外包商提供了更多的参考依据。单一的 AHP 方法可以充分利用专家的专业经验并考虑决策者的风险偏好，但在某种程度上又过分依赖于决策者的主观判断，缺乏一定的科学合理性；而单一的 SFA 方法虽然不受任何人为因素的影响，但完全依赖客观数据又往往不能反映决策者的经验和偏好。AHP/SFA 方法可以在一定程度上克服两种方法各自的不足，先利用 AHP 法计算指标值建立决策单元集合，再利用 SFA 方法对决策单元的绩效进行计算，最终可以直接得到反映外包商效率的理论值。一方面可以利用专家的经验和主观偏好对外包商各指标进行定性分析，另一方面通过统计量化的方法剔除评价指标中的主观偏激因素，其计算结果为（0，1）区间的唯一值，简单易懂，为有外包需求的企业提供了各外包商的排序情况，进而可以更准确地作出选择判断。

第四，与传统方法相比，利用 Malmquist 指数方法可以避免传统评价的主观性因素，也可以从动态的角度评价人力资源管理外包商绩效的变化趋势和影响因素。实证结果表明，从样本的结构看，目前人力资源管理外包商行业绩效水平呈现出逐年提高的态势，技术进步是推动人力资源管理外包商行业绩效水平提高的主要动力。从人力资源管理外包商行业绩效水平的发展趋势看，其增长率呈现出递减的特点，这主要是由于技术进步速度减缓，资源配置效率提高缓慢的缘故。因此，今后人力资源管理外包商行业在不断创新服务业务和项目的同时，努力提高内部管理效率和资源配置水平，成为相关企业获得竞争优势的关键。从八个备选的人力资源管理外包商的绩效变化看，效率水平参差不齐，存在一定的差距。即使绩效处于同一水平的备选外包商，其增长推动力也是不一样的，可以看出，绝大

部分企业在提高资源配置效率方面还有很长的路要走。而外包商一在各个方面发展相对比较均衡，成为最好的选择对象。目前人力资源管理外包商行业绩效在不断提高，但增长率在不断递减，不同的备选外包商的发展是有差异的，其推动因素也是不同的，这为选择合适的人力资源管理外包商提供了更多的参考依据。

第五，为了分析人力资源管理外包风险因素以及外包风险的动态特征，基于系统动力学建立了人力资源管理外包风险系统动力学模型，并对模型进行了系统仿真。从仿真的结果可以看出，质量风险和成本风险在模拟区间内呈下降趋势，失控风险在整个模拟区间内总体保持持平状态，而文化差异风险在区间内有一定上升趋势。成本风险和文化差异风险波动较为剧烈，成本风险在 36 个月以后才有较为明显的下降趋势。人力资源管理外包可以在一定程度上降低企业的质量风险，提高企业管理水平。而企业成本风险在人力资源管理外包初期并没有降低，而是在一段时间后才有下降趋势，表明人力资源管理外包对于企业成本的降低有一定延迟。文化差异风险在模拟区间内持续振动并没有呈现下降趋势，可能是由于外包活动关系到企业和外包商的企业文化融合。由于建立的背景不同，两个企业可能长期存在企业文化冲突，导致企业对外包商的工作并不认同或配合，引起文化差异风险的波动。此外，由于企业在外包过程中不断泄露信息给外包商，因此外包企业管理能力下降，失控风险上升。单纯依靠外包决策和外包商绩效评价并不能消除失控风险，需要企业着重加强核心信息的管理，并且在外包决策和外包商绩效评价过程中进一步增加分析的因素。

8.2　研究展望

本书对人力资源管理过程中的决策、外包商绩效评价、外包风险因素以及外包风险的动态特征进行了建模，并开展了一定的创新性研究，但是仍然存在很多不足和待完善之处。

第一，结合企业的实际情况和人力资源管理活动的具体特征，本书提

出了一些进行人力资源管理外包决策的建议。采用这种方法在一定程度上克服了主观因素的影响，使决策更加科学，而且这种方法符合人们对人力资源管理外包决策分析的思维逻辑，操作相对简单，在实践中具有可操作性。但需要注意的是，在对人力资源管理外包项目进行评价时，由于企业与社会的复杂性与多变性，并没有考虑公司类型、战略以及环境因素（如行业因素、地域因素、市场因素等）如何影响企业人力资源管理外包决策。而实际上，不同类型的公司或者处于不同战略发展阶段的公司，上述各因素对于人力资源管理外包的影响是不同的，这在本研究中并没有涉及，今后需要结合最新的理论研究和实际过程中的各种问题进行分析总结。

第二，随着我国人力资源服务业市场需求的不断增加，人力资源管理外包业务越来越受到企业的广泛关注，由此也催生了一批实力强大、信誉良好的人力资源管理外包服务供应商。企业与外包商的合作业务将更加广泛，所以企业与外包商的合作模式将更加多样化。但是，企业规模以及外包资源是有限的，目前对人力资源管理外包的研究大都是基于一个企业对一个外包商，而每个外包商可能不具备所有人力资源管理工作的优势，随着企业规模的扩大，企业就会考虑与多个外包商进行合作，在一个企业对多个外包商的关系中，对多个外包商的评价也将更加复杂，企业面临的风险及其防范措施也将更加复杂，这将是未来研究中需要关注的问题。

参考文献

［1］李民，樊珍．人力资源管理外包研究成果评价及分析［J］.企业管理，2007（1）：49-50.

［2］刘兵，郭彩云．企业人力资源管理外包理论与方法［M］.北京：中国经济出版社，2006：53-54.

［3］杨小凯，黄有光．专业化与经济组织：一种新兴古典微观经济学框架［M］.张玉纲，译．北京：经济科学出版社，1999.

［4］ULRICH D. Human resource champions：The next agenda for adding value and delivering results［M］. Cambridge，MA：Harvard Business Press，1997.

［5］陆道生，王慧敏．中小企业的创新与发展［M］.上海：上海人民出版社，2002.

［6］张晔林，陈万明．人力资源管理外包探讨［J］.南京农业大学学报（社会科学版），2004，4（1）：29-33.

［7］ARNOLD U. New dimensions of outsourcing：A combination of transaction cost economies and the core competencies concept［J］. European Journal of Purchasing& Supply Management，2000，6：23-29.

［8］何淑明．论企业人力资源"外包"的优势与风险［J］.企业经济，2005（1）：13-16.

［9］VINING A，GLOBERMAN S A. Conceptual framework for understanding the outsourcing decision［J］. European Management Journal，1999，17：645-654.

［10］KLAAS B S，MCCLENDON J，GAINEY T W. HR outsourcing and

its impact：The role of transaction costs ［J］. Personnel Psychology, 1999 (52)：113–136.

［11］WILLIAMSON E O. Markets and Hierarchies：Analysis and antitrust implication ［M］. The Free Press, 1975.

［12］WILLIAMSON E O. The Economic Institution of Capitalism ［M］. New York：Free Press, 1985.

［13］胡志林. 人力资源管理外包决策模型 ［D］. 武汉：武汉大学, 2004.

［14］郭彩云. 企业人力资源管理外包策略研究 ［D］. 天津：河北工业大学, 2004.

［15］张瑞超. 对人力资源管理外包活动的理论与实践之探析 ［D］. 太原：山西大学, 2004.

［16］戴孝悌, 张晓辛. 2004 年以来我国人力资源管理外包理论研究综述 ［J］. 当代经济管理, 2008 (8).

［17］彭剑锋, 等. 人力资源管理概论 ［M］. 上海：复旦大学出版社, 2005：492–494.

［18］刘宏波. 人力资源管理外包理论探析 ［J］. 经济师, 2009 (1).

［19］杨双毓. 企业战略人力资源管理外包决策模型研究 ［D］. 天津：天津大学, 2007.

［20］陈苗苗. 人力资源管理外包决策模型研究 ［D］. 北京：北京交通大学, 2008.

［21］袁飞. 基于委托—代理模型的人力资源管理外包风险研究 ［J］. 大众商务, 2010 (12)：132–133.

［22］唐学臣. 电力企业人力资源管理外包项目管理的研究 ［D］. 长春：吉林大学, 2011.

［23］胡然, 李颖娟, 郭旗. 人力资源管理外包的"3W–H"决策模型研究 ［J］. 当代经济, 2012 (23)：140–142.

［24］应祚来．人力资源管理外包的应用研究［D］．大连：大连理工大学，2005.

［25］周德鑫，杨羽宇．企业人力资源管理外包决策探析［J］．集团经济研究，2006（9）：244-245.

［26］李富兰．人力资源管理外包理论与应用研究［D］．天津：天津大学，2007.

［27］林伊利，陆剑峰．基于层次分析模型和灰色关联方法的人力资源管理外包决策的研究［J］．现代经济信息，2013（8）：33-34，39.

［28］王宇．我国企业人力资源管理外包模型选择研究［D］．北京：首都经济贸易大学，2014.

［29］刘瑞明，雷光和，肖俊辉．人力资源能力成熟度评价模型构建［J］．统计与决策，2018，34（21）：179-182.

［30］刘逸群．基于成本收益的电信企业人力资源管理外包决策模型研究［D］．唐山：华北理工大学，2019.

［31］郭彩云，刘兵，等．浅谈企业人力资源管理外包的风险管理［J］．经济论坛，2004（16）.

［32］盛昭瀚．数据包络分析理论方法应用［M］．北京：科学出版社，1995.

［33］宋巧娜．企业外包决策研究［D］．青岛：山东科技大学，2005.

［34］P S BENDER，R W BROWN，M H ISAAC，J F SHAPIRO. Improving purchasing productivity at IBM with a normative decision support system［J］. Interfaces，1985（15）：106-115.

［35］TSEVAT J，GOLDMAN L，SOUKUP J R，et al. Stability of time-tradeoff utilities in survivors of myocardial infarction［J］. Med Decis Making，1993，13：161-165.

［36］NARASIMHAN R. A geometric averaging procedure for constructing supertransivity approximation to binary comparison matrices［J］. Fuzzy Set and Systems，1993（8）：53-61.

［37］NYDICK R L, HILL R P, Using the analytic hierarchy process to structure the supplier selection procedure［J］. Journal of Purchasing and Materials Management, 1992, 25（2）：31-36.

［38］孙蛟, 曾凡婷, 层次分析法 AHP 在供应商评价选择中的应用［J］. 物流技术, 2004（9）：44-47.

［39］王宇, 乐美龙. 基于人工神经网络技术的企业物流业务外包决策方法［J］. 物流技术, 2005（9）：83-101.

［40］高丽娜, 王亚超. 基于 DEA 的第三方物流提供商选择方法研究［J］. 价值工程, 2006（4）：54-56.

［41］吴明辉. 基于 FAHP 的综合评价系统及在软件外包中的应用［J］. 计算机系统应用, 2008（11）：91-94.

［42］杨茂盛, 李其远. 物流外包风险控制的灰色聚类关联评价［J］. 商场现代化, 2007（11）：113.

［43］WANG J J, LIN Z K, HUANG H. A decision model for information systems outsourcing：Using a muti-criteria method［J］. Journal of Service Science and Management, 2008, 1（1）：1-9.

［44］何朝秋. 中小企业人力资源管理外包风险及应对策略研究［J］. 广西民族大学学报（哲学社会科学版）, 2005（S2）：166-168, 175.

［45］陆雪君. 浅析中小企业人力资源管理外包及风险管理［J］. 企业经济, 2006（4）.

［46］林枚. 中小企业人力资源外包动因及风险规避策略［J］. 企业活力, 2007（5）.

［47］王新驰, 姜军. 基于灰色理论的人力资源管理外包供应商评价［J］. 商业研究, 2011（1）：22-26.

［48］董有德, 李沁筑. 基于模糊质量功能展开的服务外包供应商选择的评价模型及应用［J］. 上海大学学报（自然科学版）, 2015, 21（2）：267-274.

［49］屈琳. 基于 FAHP 的人力资源管理外包供应商的评价与选择

[J]. 人才资源开发, 2016 (16): 151-153.

[50] 彭云艳, 刘继峰, 刘铭嘉. HR 外包风险的模糊综合评价 [J]. 黑龙江科技信息, 2007 (21).

[51] 李富兰. 人力资源管理外包供应商的评价 [J]. 社会科学家, 2007 (3): 165-167.

[52] 吴奇. 企业人力资源管理外包服务商的选择和合作效果评价 [J]. 甘肃行政学院学报, 2007 (2): 13-16.

[53] 王养成. 人力资源管理外包服务商选择组合评价模型 [J]. 生产力研究, 2007 (10): 34-38.

[54] 孙璐, 张艳鑫. 基于组合权重的人力资源管理外包风险模糊评价 [J]. 技术经济, 2012, 31 (1): 77-81.

[55] 汪艳霞, 陆新文. 基于灰色综合评价的人力资源管理外包风险研究 [J]. 广西质量监督导报, 2018 (11): 77-79.

[56] 刘玲, 朱秋怡, 谭辉, 等. 基于模糊群决策理论的中小企业人力资源管理外包方案评价 [J]. 企业科技与发展, 2021 (4): 168-172.

[57] B QUELIN. Asset Specificity and Organizational Arrangements: the Case of the New Telecommunications Services Market [M]. Oxford University Press, 1996.

[58] 董克用, 叶向峰. 人力资源管理概论 [M]. 北京: 中国人民大学出版社, 2003: 230-235.

[59] 陈益云. 人力资源管理外包风险及其规避初探 [J]. 现代财经, 2004 (8): 52-55.

[60] 伊恩. 外包制胜: 利用外部资源提高竞争优势 [M]. 北京: 人民邮电出版社, 2004.

[61] MARY F COOK. Outsourcing Human Resources Functions: Strategies for Providing Enhansed HR Servie esat Lower Cost [M]. AMACOM, 1998.

[62] 黎佩芳. 人力资源 "e" 起来 [J]. 财经世界 (电子商务时代专

版），2000（9）：16-20．

[63] 张翔．企业将流行人力资源管理外包 [J]．经贸导刊，2003
（4）．

[64] 缪小明，郑楠．企业人力资源管理外包风险及其规避措施探析
[J]．软科学，2005（2）：81-83．

[65] 张樨樨．HR 外包的国有化及民营化分析 [J]．经济论坛，2007
（15）：65-66．

[66] 桑春霞，陈华．企业人力资源管理外包风险及对策研究 [J]．
技术与创新管理，2009，30（4）：488-489，492．

[67] 王庆，谢强．科技企业人力资源管理外包风险因素分析及测算
[J]．科技管理研究，2009（7）：152-154．

[68] 王新驰，姜军．企业人力资源管理外包风险测度分析 [J]．商
业时代，2010（17）：72-73．

[69] 杜恒波，许衍凤．基于熵值法的人力资源管理外包风险模糊综
合评价研究 [J]．统计与决策，2011（5）：176-177．

[70] 郑克晖．浅析企业人力资源管理外包的风险及其防范 [J]．中
国集体经济，2017（31）：80-81．

[71] 张进财，王霄．人力资源管理外包的关系风险：一项基于异质
关系结构和权变业务过程的案例研究 [J]．山东社会科学，2020（5）：
97-104．

[72] 金福，王前．人力资源管理研究的新发展 [J]．中国软科学，
2005（1）．

[73] 刘庆林，刘小伟．国外服务业外包理论研究综述 [J]．山东社
会科学，2008（6）．

[74] 戚燕．基于中外比较的我国人力资源管理外包研究 [D]．杭
州：浙江大学，2007．

[75] MEYER N D. A Sesible Approach To Outsourcing [J]. Information
Systems Management，1994，11（4）．

［76］史占中.企业战略联盟［M］.上海：上海财经大学出版社，2001.

［77］OLIVER WILLIAMSON. Transaction - Cost Economics：The Governance of Contractual Relations［J］. Journal of Lawand Economics，1975（22）：233-261.

［78］REVE T. Signals to consumers for competitive advantage［J］. Business Horizons，1990（33）：58-66.

［79］PRAHALAD C K，HAMEL G. The core competence of the corporation［J］. Havard Business Review，1990，68（3）：79-91.

［80］CHEO M J，GROVER V，TENG J T C. Theoretical Perspectives on the Outsourcing of Information System［J］. Journal of Information Technology，1995，10（4）.

［81］MICHEAL DIETRICH. Transaction Cost Economics and Beyond：Towards the New Economics of the Firm［M］. London：Routletge，1994.

［82］科斯，哈特，斯蒂格利茨.契约经济学［M］.李风圣，主译.北京：经济科学出版社，1999：24-29.

［83］丁志国，郭婷婷.理性的约定：现代契约理论发展综述［J］.学习与探索，2018（3）：114-122.

［84］蒋媛媛，李雪增.不完全契约理论的脉络发展研究［J］.新疆师范大学学报（哲学社会科学版），2014（4）：106-111.

［85］虞慧晖，贾婕.企业的不完全契约理论述评［J］.浙江社会科学，2002（6）：184-187.

［86］哈特.企业、合同与财务结构［M］.上海：上海三联书店，上海人民出版社，1998：25-26.

［87］杨其静.从完全合同理论到不完全合同理论［J］.教学与研究，2003（7）：27-33.

［88］HART OLIVER D，MOORE J. Incomplete Contracts and Renegotiation［J］. Econometrica，1998（56）：230-258.

［89］汪晓宇，马咏华，张济珍. 不完全契约理论：产权理论的新发展［J］. 上海经济研究，2003（12）：33-36.

［90］王洪. 作为不完全契约的产权：一个注释［J］. 改革，2000（5）：53-72.

［91］聂辉华. 新制度经济学中不完全契约理论的分歧与融合：以威廉姆森和哈特为代表的两种进路［J］. 中国人民大学学报，2005（1）：81-87.

［92］刘飞飞，王瑞梅. 人力资源管理外包风险的博弈分析［J］. 当代经济管理，2006，28（2）.

［93］肖家祥，黎志成. 基于组合赋权法的产业集群竞争力评价［J］. 决策参考，2005（2）：45-47.

［94］张学军，赵梦盈. 组合赋权法在平衡计分卡评价体系中的运用：以某白酒企业为例［J］. 会计之友，2017（5）：122-126.

［95］陈文军，梅姝娥. 江苏省主要城市科技竞争力比较研究［J］. 科技管理研究，2014，34（13）：47-51.

［96］赵全超. 国有企业集团财务治理与协同机制研究［D］. 天津：天津大学，2007.

［97］邓聚龙. 灰色系统理论课程［M］. 武汉：华中理工大学出版社，1990.

［98］王能民，孙林岩. 绿色制造模式下的供应商选择［J］. 系统工程，2001（2）：37-41.

［99］曹庆奎，孙明涛，张碧空. 基于信息熵和神经网络的供应商选择方法研究［J］. 建筑技术开发，2004，31（8）：132-134.

［100］张震，于天彪，梁宝珠，等. 基于层次分析法与模糊综合评价的供应商评价研究［J］. 东北大学学报（自然科学版），2006（10）：1142-1145.

［101］FÄRE ROLF, GROSSKOFF SHAWNA, LINDGREN BJORN, et al. Productiviity Changes in Swedish Pharmacies 1980-1989：A Nonparametric

Malmquist Approach［J］. Journal of Productivity Analysis, 1992, 3 (3)：85-101.

［102］孙巍. 基于非参数投入前沿面的 Malmquist 生产率指数研究［J］. 中国管理科学, 2000, 8 (1)：22-26.

［103］METTE ASMILD, JOSEPH C PARADI, VANITA AGGARWALL, CLAIRE SCHAFFNIT. Combining DEA Window Analysis with the Malmquist Index Approach in a Study of the Canadian Banking Industry［J］. Journal of Productivity Analysis, 2004, 21 (1)：67-89.

［104］张建辉, 李光金, 李发勇. 基于定向技术距离函数的投入产出型 Malmquist 指数［J］. 运筹与管理, 2005, 14 (3)：34-38.

［105］T J COELLI, D S P RAO. Total factor productivity growth in agriculture：a Malmquist index analysis of 93 countries, 1980 – 2000［J］. Agricultural Economics, 2005, 32：115-134.

［106］赵伟, 马瑞永, 何元庆. 全要素生产率变动的分解：基于 Malmquist 生产力指数的实证分析［J］. 统计研究, 2005 (7)：37-42.

［107］杜培枫. 外包供应商的选择与评价问题研究［J］. 经济问题, 2005 (10)：37-39.

［108］JAY W F. Tests for building confidence in system dynamics models［J］. TIMS Studies in the Management Sciences, 1980 (14)：209-228.

［109］PETER SENGE. 第五项修炼［M］. 郭进隆, 杨硕英, 译. 上海：上海三联书店, 1994.

［110］张力波. 供应链环境下库存控制的系统动力学仿真研究［D］. 南京：南京理工大学, 2006.

［111］于洋, 基于系统动力学的供应链管理研究［D］. 成都：西南交通大学, 2008.

［112］STERMAN J D. Business dynamics：Systems thinking and modeling for a complex world［M］. NewYork：Mc Graw Hill, 2000.

［113］LEE H L, PADMANABHAN V, WHANG S. Information

distortionina Supply chain：the bull hip effect ［J］. Management science，1997，43（4）：546-558.

［114］MeCULLEN P，TOWILL D R. Diagnosis and reduction of bullwhip in supply chains ［J］. Supply Chain Management：An International Journal，2002，7（3）：164-179.

［115］FORRESTER J W，SENGE P M. Tests for building confidence in System Dynamics ［M］. New York：North Holland，1980，14：209-228.

［116］何万勇. 我国企业实施人力资源管理外包的策略分析 ［D］. 济南：山东大学，2006.

［117］陈丹红. 人力资源管理外包模式探讨 ［J］. 商场现代化，2005（10）.

［118］黄显方. 人事外包对中小企业的适应性分析 ［J］. 商业研究，2006（3）：105-107.

［119］李光宇. 人力资本投资的价值管理及风险防范 ［J］. 商业研究，2004（12）：111-113.

［120］陈伟，李华. 服务外包人才培养模式研究 ［J］. 现代管理科学，2008（1）.

［121］张永成. 人力资源管理革命：从人力成本到人力资本 ［M］. 武汉：武汉大学出版社，2006.

［122］赵伟，周飞燕. "外源化" 及其经济学分析 ［J］. 外国经济与管理，2004（8）.

［123］肖祥国，宋英姿. 企业人力资源管理外包的风险防范和措施 ［J］. 技术与市场，2020，27（7）：146-147.